요절복통
유 머
톡파원

요절복통
유머
톡파원
talk

Fun 유머연구회 엮음

브라운힐
BrownHillPub

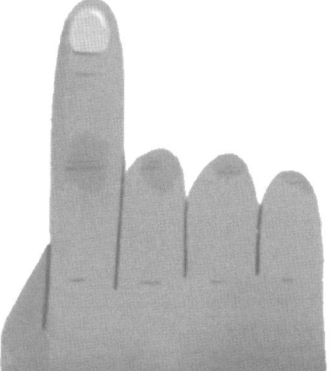

요절복통 유머 톡파원

1판 2쇄 인쇄 | 2024년 08 월 20일
1판 2쇄 발행 | 2024년 08 월 25일

엮은이 | Fun 유머 연구회
펴낸이 | 윤옥임

펴낸곳 | 브라운힐
서울시 마포구 토정로 214 지하(신수동 388-2)
대표전화 (02)713-6523, 팩스(02)3272-9702

등록 제 10-2428호

© 2024by Brown Hill Publishing Co. 2024, Printed in Korea

ISBN 979-11-5825-137-6 03810
값 17,000원

☞ 잘못 만들어진 책은 바꾸어 드립니다.

| 들어가는 말 |

'웃지 않는 사람은 장사해서는 안 된다.'라는 중국 속담이 있다. 사람을 상대하는 데 있어서 웃음이 얼마나 중요한지를 표현해 주는 말이다.

밝게 웃는 미소는 먹구름 속을 뚫고 나오는 햇빛과도 같다. 웃음은 동물 중에서 유일하게 인간만이 지을 수 있는 아름다운 화장술이며, 인간관계를 가장 부드럽게 그리고 신뢰할 수 있게 해 주는 평화의 메시지이다.

웃음은 첫인상을 좋게 하고, 사회생활을 원만하게 할 수 있게 해 준다. 웃음은 전염되기 때문에, 웃다 보면 자신이 행복해지는 것은 물론이고 주변 사람까지도 유쾌하게 만들어 준다.

과학적으로 입증된 바에 의하면 웃음은 15개의 안면 근육과 몸에 있는 230개의 근육을 동시에 움직이는 자연적인 운동이다. 코미디 프로그램을 보면서 지속적으로 웃으면, 우리 체내에서 세균에 저항하는 백혈구가 증가하고 스트레스를 유발하는 호르몬이 줄어든다고 한다.

인간관계에서 윤활유가 되어 주는 웃음을 만들어 내는 공장이 바로 '유머'이다. 대화를 하다 보면 서로 의견이 맞지 않아 불쾌한 감정이 오갈 수도 있고, 감정이 격해지면 대화 자체가 주는 스트레스를 이기지 못해 상대에게 화를 내기도 한다. 따라서 상대와의 갈등이 커지기 전에 분위기를 바꾸기 위한 시도가 필요한데, 이때 적절하게 유머를 활용하여 웃음을 끌어내면 대화 자체가 훨씬 부드러워질 수 있다. 대립과 갈등이 고조된 상황에서 웃음이 상호 대립의 폭을 줄여 주고 서로를 이해할 수 있게 만드는 다리 역할을 하기 때문이다.

그런데 유감스럽게도 많은 사람이 웃음과 유머의 중요성은 알지만, 그것을 실생활에 접목하는 것은 생각보다 쉽지 않은 것 같다. 간혹 어디선가 들은 유머를 써먹어 봐도 생각처럼 빵빵 터지지 않는 걸 누구나 한두 번쯤 경험해 봤을 테니 말이다. 그런가 하면 웃기려 들수록 썰렁해지는 분위기에 적잖이 당황했던 기억이 떠오르면서 '다른 사람이 하면 웃기는데 왜 내가 하면 왜 안 웃길까?'라는 고민까지 하고 있을지도 모른다.

유머 감각은 타고나는 게 아니라고 한다. 유머에 대한 센스를 기르고 생활화하려면, 운전을 배우는 것과 마찬가지로 계획과 노력이 있어야 한다. 상황에 맞는 유머를 쓰고, 그 유머를 재미있게 전달하기 위해서는 말을 재미있게 하는 방법을 배울 필요가 있다.

유머 화술의 고수가 되기를 원한다면, 우리가 영어를 잘하기 위해 단어를 외우는 것처럼 재치 있는 유머를 외우는 것이 가장 좋은 방법이다. 유머를 외운 후에는 다양한 말투와 속도와 강약, 표정과 제스처를 섞어가며 연습해야 한다. 그런 다음 사람들에게 전달하다 보면 어느 순간 감이 잡히고 웃음바다의 주인공으로 등장한 자신을 발견할 수 있을 것이다.

유머는 내용을 이미 알고 있다고 해도, 들을 때마다 웃음이 터지게 하는 신기한 힘이 있다. 유머를 하는 사람마다 양념을 다르게 쓰기 때문에, 같은 유머라도 하는 사람에 따라 전혀 다른 뉘앙스를 풍긴다. 따라서 자기만의 개성이 담긴 유머 감각을 찾아내고 장착하는 것이 유머를 잘하는 데 절대적으로 필요한 요소다.

  이 책에서는 재미와 기지가 넘치는 동시에 덜 알려진 최신 유머를 3부 — '웃음은 마음의 음악이다', '웃음은 인생의 보약이다', '웃음은 행복을 부른다' — 로 나누어 담았다. 읽는 재미를 위해 스토리(story) 형식의 유머를 주로 골랐고, 문답(問答) 형식이나 난센스 퀴즈 그리고 단문(短文) 형식의 유머들(흔히 말하는 '아재 개그')은 가능한 한 배제했다.

  '읽는' 유머 외에 절로 웃음을 자아내는 동물들의 모습이나 재미있는 순간을 포착한 사진 등 '보는' 유머를 사이사이에 집어넣음으로써 피곤하거나 지루할 틈 없이 웃음의 바다에 빠질 수 있도록 구성에 신경을 썼다.

  이 책이 독자 여러분에게 큰 웃음과 즐거움을 안겨 주기를, 그리고 모두에게 환영받는 남다른 유머 감각의 소유자로 발돋움하기를 소망한다.

"유머 감각을 갖는 데는 돈이 들지 않지만, 유머 감각을 갖지 못하면 많은 비용을 초래할 수 있다."

— 밥 로스(Bob Ross / 유머 컨설턴트)

엮은이

차 례

들어가는 말 · 5

웃음은 마음의 음악이다

금방 해결하고 올게 · 17
피임에 실패한 이유 · 18
노처녀와 강도 · 19
시골 처녀 · 20
여자들의 속마음 · 21
마누라의 부활 · 22
할머니의 비밀 구두 상자 · 23
소리가 너무 컸다 · 25
묘한 치료법 · 25
할머니와 텔레비전 · 26
예비 범죄 · 27
생산 경쟁 · 28
맹구의 실수 · 28
젊은 아내와 마도로스 · 29
교통사고가 나면 누가 제일 먼저? · 30
교통 체증이 일어나면 누가 제일 먼저? · 31
'꽃이'와 '꼬치' · 32
그냥 해 줘라, 해 줘! · 33
처녀로 살다 간 할머니 · 34
시골 처녀와 생수 · 35
공주병 초기 증상 · 37
공주병에도 종류가…… · 38
전생에 공주……? · 39
공주병 말기 증상 · 40
'도에 관심 있으십니까?' 대응법 · 41
가정부와의 관계 · 45
이게 아닌데…… · 46

여섯 개의 답란 · 47
아버지 모시고 와! · 48
숙제를 하지 못한 이유 · 48
수영장의 그녀 · 49
한밤중의 전화 · 51
여사장의 퇴근 · 52
말이 되는 말 · 53
부부 사랑 · 54
홀인원 · 55
어느 사형수의 지혜 · 55
친구 바보 만들기 · 56
토끼와 슈퍼마켓 아저씨 · 62
충청도 말 · 65
남편 뒷조사 · 67
영감과 할멈의 대화법 · 68
직업별 거짓말 · 69
결혼식 비용은 얼마? · 71
영리한 개 · 71
한마디 상의도 없이 · 72
의리 좋은 친구들 · 72
그러면 누구한테 보낸 거야? · 73
품위 있는 여자 · 73
외국인 신부의 미사 · 74
친구의 우정 · 75
엄마의 휴대폰의 'ㅅㅂㄴ'은? · 76
용 · 76
세상에서 가장 어려운 일 · 77

차 례

인생에서 가장 슬픈 세 가지 · 77
개들의 전국대회 · 78
엉덩이 나라 · 79
영어가 뭐라고…… · 80
남편이 필요하다고 느낄 때 · 81
신세대 할머니와 청년 · 81
막대기 · 82
이런 일이 있었어요! · 83
치마를 들어 올린 결과는…… · 88
예수님과 요셉 그리고…… · 89
네 개의 발 · 90
자기야, 할라꼬? · 91
국회의원의 이름 · 93
이놈이 죽었나, 살았나……? · 93
총각, 불~너줄게 · 94
신(新)고사성어 · 95
석가모니의 지혜 · 96
젊은 여자의 재테크 방법 · 97
몇 명이 더 죽어야 전쟁이 끝날까? · 99
당장 가서 엄마 데리고 와! · 100
고래냐? 상어냐? · 103
직업에 따른 웃음소리 · 103
브래지어와 형제 · 104
샴푸 이름이 유죄? · 104
구레나룻 · 105
집안의 가장은 누구? · 105

현명한 남자 · 106
인공수정 · 107
어느 피자 회사의 광고 · 107
콩쥐와 소 · 108
가볍지만 필요한 몇 가지 조언 · 109
역설적인 구절들 · 109
대화의 1, 2, 3 법칙 · 110
못생겼다는 말 대신에…… · 110
아내의 말 속에 숨은 뜻 · 111
흥부와 놀부 · 112
여자 친구와 여관 · 113
환장할 정력 팬티 · 114
팀장님의 오버센스 · 115
끼리끼리 · 116
경험 있으세요? · 117
라 면 · 118
이상한 스승 · 119
끈질기게 게으른 아들 · 120
지구본 수업 · 121
Beautiful의 다른 버전 · 121
홧김에…… · 122
죽고 싶을 때는 이렇게…… · 123
여자와 남자의 차이 · 125
엉덩이의 종류도 가지가지 · 128
아파트 이름 · 128

차 례

웃음은 인생의 보약이다

남편이 잘못한 것은? · 131
질문 · 1 · 131
질문 · 2 · 132
질문 · 3 · 132
요상한 주문 방법 · 133
결혼 못 하는 이유 · 133
바람둥이 부부 · 135
국회의원이 네 번 놀라는 까닭 · 136
억울하게 죽은 사람 · 136
욕설 관광지 · 137
메이드 인 차이나 · 138
열 쇠 · 139
열쇠와 자물쇠 · 140
안 쓰는 물건 · 140
형수님! · 141
서(?) · 142
뉴그랜저 · 143
짬뽕 곱빼기 둘 · 144
스포츠카와 닭 · 145
어느 초등학교 스승의 날 · 146
샐러드…… 샐러드! · 147
과시욕 · 148
너도 떨어져 봐! · 149
참새와 오토바이 · 150
용서할 수 없는 친구 · 151
확실한 치한 퇴치 · 152
신혼부부 이야기 · 153

그럼 12개는 뭐예요? · 155
연인들의 변천사 · 156
등급별로 본 사람 · 160
영화배우의 수상 소감 · 162
피차일반 · 162
한석봉과 어머니 · 165
'지'자로 끝나는 말 · 167
귀미테 시리즈 · 170
은행에 간 할머니 · 170
택시 타기 · 1 · 171
택시 타기 · 2 · 171
택시 타기 · 3 · 172
세 가지의 귀중한 금 · 173
용기 있는 남자 · 173
선 물 · 174
그럼 1위는? · 175
더운 여름날 · 176
밀 수 · 177
분을 삭이는 법 · 178
소 식 · 179
남자가 두려워하는 것 · 180
실제로 일어났던 사건(?) · 181
불량 마누라 · 183
특별 헌금 · 184
어떤 대화 · 184
지조 있는 아랍인 · 185
꼬마의 궁금증 · 186

차 례

돈 버는 100가지 방법 · 186
아차! 실수 · 187
엄마의 일생 · 187
가장 나쁜 엄마의 멘트 · 188
남편은? · 189
힐러리 여사 · 189
앵무새 · 190
아내가 더 고수 · 191
노후를 편히 보내려면…… · 191
선생님이 고추도 몰라 · 192
베스킨라빈스 · 192
부산 할매와 외국인의 대화 · 193
사자의 생일 · 193
어느 운전자의 이야기 · 195
뛰는 학생, 나는 교수 · 196
모자란 놈과 미친놈 · 197
불임 이유 · 198
건망증 · 199
청혼 방식 · 199
주말 부부 · 200
참새의 똥 · 201
선생님이 먼저 벗으세요 · 201
방바닥에서 자려는 이유 · 202
공상과학 소설 · 202
5분만…… · 205

면도는 저녁에…… · 205
세계 도서전 · 206
간단한 테스트 · 207
결혼의 힘 · 207
남편의 하소연 · 208
병 원 · 209
사극의 폐해 · 211
못 말리는 술고래 · 211
어느 술집에서 · 212
여사원과의 하룻밤 · 213
아내의 생일 케이크 · 214
공포의 성냥불 · 215
신랑의 오해 · 216
더운 밤을 슬기롭게 넘기려면 · 216
시어머니가 며느리에게 하는 거짓말 · 217
며느리가 시어머니에게 하는 거짓말 · 217
뜨거운 밤의 비결 · 218
유식한 어느 주부 · 220
할인마트 · 221
인색한 의원 · 223
미용실 · 224
개와 달리기를 하면 안 되는 이유 · 224
사장이 인정한 훌륭한 인재 · 225
범인은 누구일까? · 226

차 례

웃음은 행복을 부른다

어떤 상호 · 229
식사 습관에 따른 남편의 호칭 · 229
손자의 해결법 · 230
처방전 · 230
우리 딸과 헤어지게! · 231
산신령과 선녀 · 231
무인도에서 · 232
외판원과 할머니 · 233
사진작가의 칭찬 · 234
골 빈 선생님 · 235
엄마의 답변! · 235
한 여인의 치성 · 236
재치 있는 여자 · 237
양복 매장에서 · 237
하느님 부인이세요? · 238
내가 슬픈 이유 · 239
사장의 유머 · 239
아버지와 아들 · 240
비싼 아파트 · 240
공주병 엄마 · 241
호기심 때문에 · 242
메리야스와 전설의 고향 · 243
황당한 점쟁이 · 244
엄니, 미워요! · 244
택 배 · 245
뭘 보고 있는 거죠? · 246
공처가 · 246

시골 아줌마의 특급 호텔 · 247
엄마와 아들 · 247
잔돈 준비 · 248
예쁜 아가씨와 사과 · 249
전 화 · 249
가 보 · 250
아내의 본심 · 250
여성의 심리 변천사 · 251
애처가 분류법 · 251
사자가 무서워하는 것 · 252
남편의 화난 얼굴 · 253
일등석은 안 가요 · 254
할머니 · 255
이발소에 간 맹구 · 255
약간의 힌트 · 256
영화 관람 · 256
시 계 · 257
시골 노인들의 서울 구경 · 257
따르릉~~~ · 258
스님들의 회의 끝에 나온 말 · 258
김정일이 한국 방문을 꺼렸던 이유 · 261
임 종 · 261
연인의 대화 · 262
건달과 외국인 · 262
화장실에서 · 263
가랑비와 이슬비 · 264
엄마와 아이의 대화 · 264

차 례

세종대왕과 사오정 · 265
돈가스의 비애 · 265
외계인의 성생활 · 266
라면과 여자의 공통점 7가지 · 267
소방수의 고충 · 267
아내를 오리와 비유한다면? · 268
골프 유머 · 268
군인의 복수 · 269
할머니의 과속 이야기 · 269
쥐 세 마리 · 271
건망증 가족 · 272
백수와 신선의 공통점과 차이점 · 273
카드 결제 · 274
남편과 아내 · 274
머리가 두 개 · 275
누구이신가요? · 275
누구야? · 276
웃기는 놈 · 276
부부 생활 세대 차이 · 279
눈치 없는 할머니 · 279
능 력 · 281
그거 엄마가 벗긴 거지? · 281
하느님과 예수님의 성씨 · 283
전문가와 문외한 · 283
충청도 마법의 단어 · 284
신체검사 · 285

첫 번째와 두 번째의 차이 · 285
11번째 손가락? · 287
봉사하는 이발사 · 287
살아 보니…… 이것이 진리일세 · 289
남자의 일생, 일곱 단계 · 289
고인의 선행 · 290
벨이 너무 많아! · 291
남자와 여자의 차이 · 291
FBI · 292
임시 주차장 · 293
돌쇠, 은행을 털다 · 293
자기, 흔들었잖아! · 294
조숙한 딸 · 295
의사와 환자 · 295
그때 그분의 이름으로…… · 296
첫날밤 · 297
아이의 답변 · 297
순진한 인절미 · 298
남편도 믿었는데…… · 299
과장의 변명 · 300
선생님의 꾀 · 300
당신의 아이큐는? · 301
당신은 좌석이잖소! · 302
결정적인 이유 · 302
내일은 '모'요일 · 303
운전할 때 듣는 성가 · 304

"우리는 행복하기 때문에 웃는 것이 아니라 웃기 때문에 행복한 것이다."
(We don't laugh because we are happy, we are happy because we laugh.)

— 윌리엄 제임스(William James, 미국의 심리학자 · 철학자)

웃음은 마음의 음악이다

금방 해결하고 올게

　잠을 자던 아내가 이상한 낌새가 느껴져 눈을 떴다. 그리고 남편이 누워 있는 옆자리를 보았다.
　어라! 근데 남편이 일어나 앉아 작은 목소리로 누군가와 통화하고 있는 것이 아닌가!
　뇌리를 스치는 예리한 여자의 육감!
　분명 여자다! 내용은 들리지 않지만, 상대방 전화의 목소리는 여자가 맞다.
　아내는 계속 자는 척을 하며 지켜보기로 했다.
　근데 저놈이 조심스럽게 옷을 걸치더니 나가려는 게 아닌가.
　아내는 참다못해 큰 소리로 말했다.
　"어떤 년이야……?"
　깜짝 놀란 남편이 당황하며 말했다.
　"안 잤어? 옆집에 사는 소영이 엄마가…….”
　아내는 울컥 화가 치밀어 올랐다.
　"이 나쁜 놈아! 왜 하필 옆집 소영이 엄마야? 내가 그년보다 못한 게 뭐야……!"
　"뭐라는 거야? 금방 해결하고 올게. 지금 급하대."
　"뭐라고? 금방 뭘 해결한다고? 나가지 마! 왜 나가냐고?"
　온갖 생각에 눈물이 핑 돈 아내는 소리를 바락바락 지르며 최후의 경고를 날렸다.
　"지금 나가면 다시는 못 들어올 줄 알아!"

이때 남편이 나가며 한마디 던지자, 여자는 찍소리 못하고 조용히 갔다.

"차 빼 달란다, 이 화상아! 디비 자라~!"

피임에 실패한 이유

보건소 직원들이 한 마을에 와서 우리나라의 인구가 너무 많으니 가족 계획을 해야 한다고 홍보했다.

방법에는 여러 가지가 있으나 가장 손쉬운 방법은 콘돔을 사용하는 것이며, 그 방법은 이렇게 하는 것이라고 엄지손가락에 콘돔을 씌워 보이며 구구절절 설명했다.

이듬해, 보건소에서 다시 나와 설문 조사를 했다. 그러나 어찌 된 일인지 그 마을에는 아이들이 많이 태어나 있었다.

의아해진 보건소 직원이 어찌 된 일이냐고 물었다.

동네 아저씨들 왈~.

"선생님이 가르쳐 준 대로 엄지손가락에 끼우고 했지요……."

노처녀와 강도

어느 은행에 두 명의 강도가 침입했다. 그중 덩치가 큰 한 명이 소리를 쳤다.

"남자는 모두 책상 밑에 엎드리고, 여자는 모두 줄 서! 우리는 먼저 돈을 털고, 그다음에는 여자들을 모두 성폭행할 것이다! 푸하하하!!"

그러자 같이 온 동료가 소리쳤다.

"야! 빨리 돈이나 뺏어 도망가자구!"

그랬더니 이번에는 창구 옆에 있던 노처녀가 소리쳤다.

"야! 너는 입 닥치고 네 일이나 해!"

"어젯밤 그 계집애 누구야?"

시골 처녀

시골 깡촌에 살던 순미가 파출부라도 해서 돈을 벌려고 서울에 왔다.

얼마 후 어떤 집에 처음 일하러 갔는데, 마침 주인의 생일이라 손님들이 많이 와서 몹시 분주했다.

한창 식사하던 주인아저씨가 음식이 짰던지 냉수를 찾았다. 그래서 냉수를 가져다주었는데 조금 있다가 또 한 잔 가져오라고 했다.

그런데 이번에는 순미가 빈 컵을 든 채 난감해하면서 그냥 서 있는 것이었다.

주인이 짜증스럽게 물었다.

"아니, 냉수 가지고 오라는데 왜 그냥 서 있어?"

그러자 순미가 화장실 문을 가리키며 대답했다.

"누가 우물 위에 앉아 있어요!"

여자들의 속마음

1. 유식하고 돈 없는 남자 ☞ 짜증 난다.
2. 똑똑하고 돈 없는 남자 ☞ 재수 없다.
3. 착하고 돈 없는 남자 ☞ 불쌍하다.
4. 애교 많고 돈 없는 남자 ☞ 영양가 없다.
5. 재미있고 돈 없는 남자 ☞ 재미없다.
6. 검소하고 돈 없는 남자 ☞ 멍청하다.
7. 주위에 여자가 많고 돈 없는 남자 ☞ 존재할 수 없다.
8. 집안 좋고 돈 없는 남자(사업하다 망한 집안) ☞ 관심 없다.

그렇다면……
1. 성질 더럽고 돈 있는 남자 ☞ 사업가 기질 있다.
2. 무식하고 돈 많은 남자 ☞ 어머, 순진하기까지…….
3. 돌머리인데 돈 많은 남자 ☞ 역시, 돈 버는 머리는 따로 있어.
4. 뻣뻣하고 돈 많은 남자 ☞ 애교로 녹인다.
5. 왕내숭에 돈 많은 남자 ☞ 어쩜, 완벽한 포커페이스야.
6. 썰렁하고 돈 많은 남자 ☞ 그건 썰렁한 게 아니야.
7. 주위에 여자가 많고 돈 많은 남자 ☞ 언젠가 내가 널 사로잡을 거야.
8. 집안은 변변치 않지만 돈 많은 남자 ☞ 그 의지력에 감탄하고, 존경함.
9. 집안 좋고 돈 많은 남자 ☞ 역시 사람은 출신이 중요하다니까.

마누라의 부활

  40년을 같이 산 부부가 예루살렘으로 여행을 떠났다. 그런데 부인이 불의의 사고로 갑자기 세상을 떠났다.
  장의사가 남편에게 말했다.
  "당신 부인을 고국으로 운구하는 데 5천 달러가 듭니다. 그러나 신성한 이 땅에 묻으시면 150달러면 됩니다."
  남편은 한참을 생각하더니 부인을 고국으로 운구해 달라고 말했다.
  그러자 장의사가 물었다.
  "5천 달러나 쓰시게요? 이 땅에 묻으면 150달러면 되는데……."
  그러자 남편이 심각하게 대답했다.
  "예전에 예수님께서 이 땅에 묻히셨는데 3일 만에 부활하셨습니다. 저는 그게 무섭다고요."

"네가 왜 거기서 나와~?"

할머니의 비밀 구두 상자

　결혼하여 60년 이상 함께 살아온 노부부가 있었다.
　노부부는 모든 것을 나누었고, 감추는 것 없이 모든 것을 이야기하여 서로 아무런 비밀이 없었다.
　단 하나 예외가 있었는데, 장롱 맨 위에 할머니가 보관하고 있는 구두 상자에 관한 것이었다.
　할머니는 할아버지에게 절대로 열어 보지도 말고 물어보지도 말라고 주의를 주었다.
　지금까지 오랜 세월이 흘렀지만, 할아버지는 그 상자에 대해 생각해 본 적이 없었다.
　그런데 어느 날 할머니가 중병에 걸렸다.
　의사는 할머니가 회복하기 힘들 거라고 했다.
　할아버지는 함께 쓰던 물건들을 정리하다가, 장롱 위에서 구두 상자를 내려 할머니의 침대 곁에 갖다 놓았다.
　할머니는 이제 상자 안에 무엇이 들어 있는지 말해야겠다고 생각하고, 할아버지에게 그것을 열어 보라고 했다.
　할아버지가 상자를 열자, 상자 안에는 코바늘로 만든 두 개의 인형과 95,000달러(1억 원 상당)의 돈뭉치가 들어 있었다.
　할아버지는 상자 안에 들어 있는 물건들에 관해 물어보았다.
　"결혼할 때 어머니가 제게 일러 주셨어요. 행복한 결혼 생활의 비결은 절대로 다투지 않는 것이라고요. 그러면서 남편에게 화가 나는 일이 있으면 조용히 코바늘로 인형을 만들라고 하셨어요."

그 말을 들은 할아버지는 감격한 나머지 흐르는 눈물을 감추려고 안간힘을 썼다. 상자 안에는 겨우 두 개의 인형만 들어 있었으니까…….

'그 오랜 시간 살아오면서 아내가 나에 대해 화가 난 적이 단 두 번밖에 없었다니…….'

할아버지는 너무나 행복해서 가슴이 터질 것만 같았다.

가까스로 마음을 진정시킨 할아버지가 물었다.

"여보! 인형은 이제 알겠는데, 이 돈들은 무엇이오? 어디서 난 돈이요?"

"아……!"

할머니는 잠시 망설이다 힘없는 목소리로 말했다.

"그 돈은 인형들을 팔아 모은 돈이에요."

소리가 너무 컸다

현정이가 남친이랑 있는데 배가 살살 아프면서 방귀가 나올 것 같았다.
참아 보려고 애를 썼지만 제대로 조절이 되지 않았다.
할 수 없이 현정이는 엄청 큰 소리로 "사랑해!"라고 외친 다음 방귀를 뿡 뀌었다.
그러자 남친이 말했다.
"뭐라고? 방귀 소리 때문에 못 들었어."

묘한 치료법

동현이가 집에서 식구들과 함께 텔레비전을 보고 있었다.
'기인열전'이란 프로그램에 한 초능력자가 나와, 안수로 병을 치료한다고 했다. 그러면서 텔레비전을 시청하고 있는 환자들도 한 손을 아픈 곳에, 다른 한 손을 텔레비전 화면에 대면 기를 통해 병을 치료할 수 있다고 하는 것이었다.
그런데 이 장면을 보고 있던 동현이 할아버지가 갑자기 손으로 자기의 거시기를 잡더니 다른 한 손을 살포시 텔레비전 화면에 갖다 대는 것이 아닌가.

이 모습을 옆에서 지켜보고 있던 동현이 할머니가 같잖다는 표정으로 한마디 했다.

"영감! 저 사람이 아픈 데를 고친다고 했지, 언제 죽은 데를 살린다고 했수? 속 터져~!"

할머니와 텔레비전

우리 할머니는 워낙 옛날 분이라 아직 텔레비전에 대해 잘 모르신다. 드라마도 진짜라고 생각하셔서, 그것이 아니라고 가르쳐 드리면 "아, 가짜구나." 하시다가 어느새 또 제자리로 돌아오시곤 한다. 이런 일을 10년 넘게 되풀이하고 있다.

'크흐~. 이제는 거의 포기 상태쥐여~~!'

어제 낮에 드라마 재방송을 보는데, 잠깐 광고 시간! 모 탤런트가 김치버거를 들고서 선전하며 맛있게 먹는 장면이 나왔다.

광고가 나오길래 그러려니 하고 보고 있는데, 말없이 텔레비전을 보던 할머니가 갑자기 하시는 말씀.

"야, 야~ 저 보레이~! 즈~즈~ 즈그~ 아이, 웬 가시나가 빵을 저렇게 입이 터지게 먹노? 아구야, 얄궂데이~. 저 꼬라지…… 쟈는 맨날 저카데!"

순간 할 말을 잃었는데, 맨 마지막 한마디가 압권이었다.

"저 가시나, 오늘 벌써 스물두 개째 처먹는데이……."

예비 범죄

한 부부가 호숫가 휴양지로 휴가를 갔다.

낚시광인 남편은 배를 타고 새벽 낚시를 갔다가 돌아와 낮잠을 잤다.

그러자 부인이 혼자 남편의 배를 타고 호수 가운데까지 나가서 돛을 내린 다음 시원한 호수 바람을 즐기며 책을 읽고 있었다.

그때 경찰이 다가와 검문했다.

"부인, 여기서 무얼 하고 계십니까?"

"책을 읽고 있는데요. 뭐 잘못된 것이라도 있습니까?"

"네, 이 지역은 낚시 금지 구역이라 벌금을 내셔야겠습니다."

"아니, 여보세요! 낚시를 하지도 않았는데 왜 벌금을 낸단 말이에요?"

"낚시를 하고 있지 않더라도, 배에 낚시 도구를 완전히 갖추고서 금지 구역 내에 정박하고 있는 것은 범죄 예비혐의에 해당하므로 벌금을 내야 합니다."

"그래요? 그럼 난 당신을 성폭행죄로 고발하겠어요."

"네? 난 부인에게 손도 댄 적이 없는데 성폭행이라뇨?"

"당신도 시방 필요한 물건을 다 갖추고서 내 옆에 있잖아요!"

생산 경쟁

늙은 부자 농부가 가족 만찬 자리에서 건장한 아들 여섯을 둘러보며 말했다.
"손자가 하나도 없어 허전하구나. 너희들 중에서 제일 먼저 손자를 낳아 주는 녀석에게 10억을 주겠다. 자, 기도드리자!"
기도를 끝내고 나니, 식탁 앞에는 두 늙은이만 덩그러니 앉아 있었다.

맹구의 실수

맹구가 빨강 신호등을 무시하고 달리다 잠복해 있던 경찰관에게 걸렸다.
"당신 빨간불 못 봤소?"
"봤지요!"
"그럼 왜 정지하지 않았소?"
"당신을 못 봤으니까요."

젊은 아내와 마도로스

 마도로스인 명수는 한 번 항해를 나가면 한 달씩 집을 비워야만 했다.
 명수가 집을 비우게 되면 명수의 아내 지혜는 허전해서 잠을 이루지 못했다.
 지혜는 의사를 찾아갔다.
 "남편이 없으면 잠을 이룰 수가 없어요!"
 그러자 의사가 말했다.
 "매일 밤 잠자리에서 이렇게 되뇌어 보세요. '발가락아 잠자라, 발목아 잠자라. 다리야 잠자라, 허벅지야 잠자라…….' 이런 식으로 머리 꼭대기까지 가 보세요."
 바로 그날 밤에 지혜가 중얼거렸다.
 "발가락아 잠자라, 발목아 잠자라. 다리야 잠자라……. 허벅지야 잠자라, 사타구니야 잠자라!"
 이때 갑자기 현관문을 열고 명수가 들어왔다.
 그러자 지혜가 외쳤다.
 "다들 기상, 다들 기상!"

교통사고가 나면 누가 제일 먼저?

▶ 일본에서는……?
보험회사 직원이 달려와서 보험 약관과 보험 지불 내용을 알려준다.

▶ 미국에서는……?
교통경찰이 제일 먼저 달려와서 사고 경위와 처리 결과를 알려준다.

▶ 한국에서는……?
온 동네를 떠들면서 신속하게 레커차가 달려온다. 그것도 중앙선, 갓길 무시한 채 오고 또 온다. 아주 길이 막힐 때까지 온다. 그리고 사람은 내동댕이치고, 어느새 차만 끌고 번개같이 사라진다.

뭔가 임자가 바뀐 것 같은데……?

교통 체증이 일어나면 누가 제일 먼저?

▶ 일본에서는……?

제일 먼저 달려오는 사람은 신호기 기술자이다. 그리고 유효적절하게 신호 체계를 작동한다.

▶ 미국에서는……?

제일 먼저 달려오는 사람은 교통경찰로, 신호기를 무시하고 수신호로 교통을 통제한다.

▶ 한국에서는……?

"뻥튀기 삼천 원!", "옥수수 사천 원!", "호두과자 오천 원!".

아이쿠! 인생샷 남기려다 인생 날리겠네.

'꽃이'와 '꼬치'

　내 친구 미미는 네 자매 중 막내예요.
　미미 엄마는 딸을 내리 셋을 낳고 맨날 시어머니한테 구박받았대요. 그러던 중에 또 아이를 가졌는데, 그 무렵에 시어머니가 아들 태몽을 꿨대요.
　시어머니는 이번에는 틀림없이 아들이라며 확신에 차 있었고, 다음 날 읍내 산부인과에 가서 진료받은 미미 엄마는 의사 선생님께 단도직입적으로 물었대요.
　의사 선생님이 허허 웃으면서 노래로 알려주겠다고 하더니, 조용필의 '난 아니야. 꽃이 아니야.'라는 노래를 들려주셨대요.
　순간 '맞는구나!' 싶었던 엄마는 집에 오자마자 '아들!'이라며 소리쳤고, 시어머니는 그날부터 미미 엄마한테 그렇게 잘했대요. 맨날 골골하던 시어머니가 밭일도 대신하고, 밥도 지어다 바치고, 뭐 먹고 싶은 거 없냐고 물으면서 온갖 맛있는 것을 다 해 주셨대요.
　그렇게 시간이 흘러 모두가 기대하고 고대하던 출산 날이 되었는데, 또 딸이 태어난 거예요. 그 아이가 바로 내 친구 미미랍니다.
　시어머니는 바로 몸져누우시고, 엄마는 다음 날 읍내 병원에 가서 의사 선생님께 막 따졌대요. 이게 어떻게 된 일이냐고, '꽃이 아니'라고 하지 않았느냐고……. 그랬더니 의사 선생님이 허허 웃으시면서 이렇게 말씀하시더래요.
　"제가 노래까지 들려드리지 않았습니까. '꼬치' 아니라고. '난 아니야~ 꼬치 아니야~.' 기억나지 않으세요……?"

그냥 해 줘라, 해 줘!

영철이와 연경이는 만난 지 한 달이 다 되어 가는 커플이었다. 어느 날 밤, 영철이가 연경이를 집 앞까지 바래다주었다.

며칠 전부터 눈치만 보던 영철이는 오늘이야말로 연경이에게 키스해야겠다고 결심하고, 드라마 속 한 장면처럼 손으로 '타악~' 하고 현관 옆 벽을 치며 연경이를 몰아붙였다.

"오늘은 키스해 주기 전엔 못 들어가."

"안 돼! 집에 아빠랑 엄마 다 계신단 말이야."

"아무도 안 보는데, 뭐 어때?"

"그래도……."

"한 번만 하자."

"아이~참, 안 된단 말이야."

영철이와 연경이는 30분이 다 되도록 그렇게 실랑이를 벌이고 있었다.

그때 갑자기 현관문이 덜컹 열리더니 연경이의 여동생이 나왔다. 그리고 영철이를 째려보면서 하는 말…….

"언니! 아빠가 그냥 한번 해 주고 빨리 보내래! 그리고 아저씨! 우리 집 인터폰에서 손 좀 떼어 주실래요?"

처녀로 살다 간 할머니

 시골 마을에 혼자 사는 한 할머니가 있었다.
 이 할머니는 평생 독신으로 살면서 순결을 지켰고, 이것을 매우 자랑스러워했다.
 그러던 어느 날 할머니는 자신이 죽을 날이 얼마 남지 않았음을 깨닫고는 마을 장의사에게 가서 자신의 비석에 다음과 같이 새겨 달라고 부탁했다.
 '처녀로 태어나, 처녀로 살다가, 처녀로 죽다.'
 얼마 후 할머니는 돌아가셨고, 장의사는 비석 만드는 사람에게 할머니가 부탁한 대로 비석을 만들어 달라고 의뢰했다.
 그런데 비석 만드는 사람은 게으름을 피웠고, 퇴근 시간이 다 되자 빨리 집에 가고 싶은 마음뿐이었다. 그래서 이 내용이 쓸데없이 길다고 생각하고, 같은 뜻의 더 짧은 글로 대신했다.
 '미개봉 반품.'

섹시한 야옹이.

시골 처녀와 생수

　남자에 대해서 아무것도 모르는 시골 처녀 혜진이가 할머니와 함께 여행을 가게 되었다. 두 사람은 기차를 탄 후 창 쪽 자리에 마주 보고 앉았다.
　다음 역에서 남자 두 명이 타더니 각각의 옆자리에 앉았다. 그중 한 사람은 몹시 술에 취해서 앞쪽 의자에 다리를 쳐~억 걸치더니 이내 잠들었고, 다른 한 명은 점잖게 신문을 보고 있었다.
　한참을 가다가 할머니는 소변이 급해졌다. 하지만 술 취한 남자가 길을 막은 채 잠들어 있었기 때문에 차마 넘어가지를 못하고 참고 있었다. 그러다가 더 이상 참지 못한 할머니가 그만 앉아서 실례하고 말았다. 급기야 바닥으로 오줌이 흘러내렸고, 신문 보던 남자는 곁눈질로 계속 쳐다보았다.
　할머니가 어쩔 줄 몰라 하며 안절부절못하자, 그 모습을 보다못해 시골 처녀 혜진이가 말했다.
　"우리 할머니께서 기차 여행을 하다 목마를까 봐 생수를 사 갖고 오셨는데 그만 엎지르고 말았네요. 이걸 어쩌지……."
　대충 그렇게 사태 수습을 하고 한참을 가는데, 이번엔 술 취한 남자가 부스스 일어나더니 화장실에 다녀와서는 계속 잠을 잤다. 그런데 이 남자, 술이 덜 깬 탓인지 지퍼를 올리지 않은 채 아까와 똑같은 자세로 앞쪽 의자에 다리를 쳐~억 걸치고 있었으니…….
　잠시 후 시골 처녀 혜진이가 시선을 돌리다가, 그 남자의 다리와 다리 사이에 웬 가죽 덩어리 하나가 삐쭉 고개를 내민 채 힘없이 처져 있는 걸 보게 되었다.

남자에 대해 전혀 아는 것이 없는 시골 처녀 혜진이는 깊은 고민에 빠졌다.

'저게 뭘까? 다리? 남자들은 참 신기하게 생겼구나. 다리가 세 개인 것도 그렇고, 감추고 다니는 것도 이상하고……?'

급기야 시골 처녀 혜진이는 신문을 읽고 있는 남자에게 넌지시 물었다.

"저기 한 가지 궁금한 게 있습니다. 이 남자분 다리 사이에 있는 저것이 대체 무엇입니까?"

그러자 신문을 보던 남자가 물끄러미 혜진이를 바라보더니, 어이없다는 표정을 지으며 말했다.

"그건 바로 생수병 마개올시다."

에이, 설마…….

공주병 초기 증상

"나는 사과 못 먹어."
"왜?"
"독이 들어 있을까 봐."

"나는 달리기를 못 해."
"왜?"
"유리구두가 벗겨질까 봐."

"나는 잠을 못 자."
"왜?"
"왕자님이 키스할까 봐."

사는 게 뭐 별것 있어?

공주병에도 종류가……

사과만 먹으면 죽을 것 같다고 한다.
☞ 백설공주병
키 작은 사람만 보면 일곱 난쟁이가 보고 싶다고 한다.
☞ 백설공주병
자정이 다가오면 불안해진다고 한다.
☞ 신데렐라병
유리구두만 보면 왕자님이 생각난다고 한다.
☞ 신데렐라병
로마에서 휴일을 보내고 싶어 한다.
☞ 오드리 헵번 공주병
북이 싫어! 북만 보면 찢고 싶어 한다.
☞ 낙랑공주병
바보만 보면 결혼하고 싶어 한다.
☞ 평강공주병
숲속에만 가면 잠자고 싶다고 한다.
☞ 잠자는 숲속의 공주병
바다만 보면 헤엄치고 싶어 한다.
☞ 인어공주병

전생에 공주……?

공주병에 심하게 걸린 다현이가 어느 날 심상찮은 꿈을 꾸고는 심령술사를 찾아갔다.

꿈 얘기를 듣고 난 심령술사는 다현이의 꿈이 전생의 모습일 것 같다면서, 더 자세한 것을 알아보겠다며 다현이에게 최면을 걸었다.

"자, 눈을 감으세요. 이제 깊은 잠에 빠집니다."

잠시 뒤 심령술사가 다현이에게 물었다.

"자…… 뭐가 보이지요?"

"제가요…… 나무가 우거진 숲에 쓰러져 있고, 주변에서 웬 난쟁이들이 움직이고 있는 것이 보여요."

잠시 뒤 최면에서 깨어난 다현이는 자신이 전생에 틀림없이 백설공주였을 거라고 생각하면서도 확인해 보고 싶어서 심령술사에게 물었다.

"제가 전생에 뭐였나요?"

심령술사가 대답했다.

"당신은 전생에 걸리버였군요."

공주병 말기 증상

혜련이가 공주병이 너무 심해서 정신과 치료를 받으러 갔다.
혜련: 선생님 전 너무 예뻐서 고민이에요.
의사: 자~! 이걸 상상해 보세요. 정말로 예쁜 여자를 봤어요. 어떻게 하시겠습니까?
혜련: 계속 쳐다볼 거예요. 계속요. 그렇게 계속 쳐다보다가…… 쳐다보다가…… 팔이 아프면 거울을 내려놓지요.

요염이란 이런 것!

'도에 관심 있으십니까?' 대응법

1. 반말로 대답해라.

"도에 관심 있으십니까?"
"아니."

"얼굴이 참 남다르시네요."
"고치면 될 거 아냐!"

"좋지 않은 기운이 있으십니다."
"너도 마찬가지야."

만약 그쪽에서 기분 나빠한다면 이렇게 대답해라.
"공부가 멀었군."

2. 무조건 무관심한 표정으로 딴청을 피워라.

"도에 관심 있으십니까?"
(졸린 눈으로) "비켜요!"

"얼굴에 광채가 있으십니다."
(노래를 흥얼거린다.) "사노라며어언……."

"좋지 않은 기운이 느껴지는데요."
(라이터를 꺼낸다.) "불 드려요?"

3. 속여라, 무조건 속여라.

"도에 관심 있으십니까?"
(그 사람 뒤쪽을 보면서) "어? 오셨어요?" 후다닥~.

"얼굴이 참 남다르십니다."
(놀라며) "아! 맞다! 그걸 놓고 왔네." 후다닥~.

"어디서 많이 뵌 것 같은……."
(휴대폰을 꺼낸다.) "여보세요?" 후다닥~.

4. 소리를 질러라.

"도에 관심 있으십니까?"
"꺄악~! 어딜 만져요!"

"얼굴이 굉장히……."
"뭐 하는 놈이야!!"

"어디서 많이……."
"뭐어라구요오?"

5. 상대하지 말고, 계속 빨리 걸어라. (제일 간단한 방법)

"도에……."
후다닥~.

"얼굴이……."
후다닥~.

"어디서……."
후다닥~.

6. 적당히 상대해 준다.

"도에 관심 있으십니까?"
"칼에는 별로 관심 없는데……."

"인상이 좋으시군요."
"재수 없다고 하던데요?"

"조상님이 돌봐주는군요."
"저도 가끔 느껴요."

"하지만 조상님이 가까이 가질 못하는군요."
"제가 좀 냄새가 나지요?" (킁킁거린다.)

"얼굴이 남다르십니다."
"특이하게 생겼지요? 그래서 왕따 당하나 봐요……. 흑흑."

"어디 가서 같이 얘기 좀 할까요?"
"그럼 니가 쏘는 거야?"

"김 기사, 출발알~!"

가정부와의 관계

어떤 중년 남자가 발기불능 치료를 위해 비뇨기과를 찾아갔다.
"선생님, 도무지 서질 않아요. 어떻게 하죠?"
남자의 말을 들은 의사는 신비의 명약, 바로 비아그라를 내놓으며 말했다.
"이 약은 관계를 갖기 딱 한 시간 전에 복용해야만 효과를 볼 수 있습니다!"
남자는 약을 가지고 집에 와서 이 기쁜 소식을 아내에게 알려주려고 전화를 했다.
"여보, 지금 어디야?"
"가는 중이야. 아마 한 시간쯤 후면 도착할 수 있을 것 같은데……."
남자는 전화를 끊자마자 바로 물을 가지고 와서 약을 먹었다.
그런데 아내가 한 시간이 지나도 돌아오지 않는 것이었다.
남편은 점점 초조해져서 다시 전화를 걸었다.
"뭐야…… 왜 이렇게 늦는 건데?"
"지금 길이 너무 막혀서 꼼짝도 못 해! 이 상태로 가면 적어도 두 시간은 걸리겠는걸?"
순간 남자는 너무나 당황해서 전화를 끊자마자 병원에 전화를 걸었다.
"선생님, 제가 한 시간쯤 전에 약을 먹었는데…… 글쎄, 아내가 두 시간 후에나 집에 도착한다는군요. 어떻게 해야 하죠?"

그러자 의사가 잠시 생각을 한 다음 말했다.

"어떻게 하나……. 약도 워낙 비싼 거라, 그대로 두긴 너무나 아까운데……. 아! 혹시 집에 가정부가 있나요?"

"네, 있는데요……."

"그럼 당장 그녀하고라도 관계를 가지세요!"

그러자 남자가 시큰둥한 목소리로 말했다.

"가정부하고 할 때는 비아그라 같은 거 필요 없는데요."

이게 아닌데……

어느 날 철이는 마술램프의 요정 지니를 만나 두 가지 소원을 말할 수 있게 되었다.

"두 가지 소원을 말해 봐."

"흠……. 첫 번째 소원은 내가 항상 '단단해져(?)' 있는 것이고, 두 번째는 세상 모든 여자의 엉덩이를 갖는 겁니다."

지니가 말했다.

"아주 간단하군. 너의 소원을 들어주마."

잠시 후, '펑!' 하는 소리와 함께 철이는 '여성 화장실 변기'로 변해 버렸다.

여섯 개의 답란

○○대학 정신분석학 입문을 가르치는 교수님은 그분 자체가 정신분석학적 연구 대상이 될 정도로, 연세에도 불구하고 '성'에 대해 관심이 많기로 유명했다.

강의 내용도 '매춘부들이 싫어하는 5가지', '강아지들이 처녀 뒤를 따라다니는 이유' 등이 주된 것이었다.

그러니 시험 문제도 성에 관련된 문제가 많을 수밖에.

한 번은 기말고사에 기가 막힌 문제가 출제되었다.

성감대를 아는 대로 쓰시오.
'(　)(　)(　)(　)(　)(　).'

학생들은 온갖 지식을 동원해서 답을 적었다.

시험 후에 들려온 말로는 어떤 친구는 13개, 어떤 친구는 20여 개 이상을 쓰느라고 여섯 칸의 답란이 부족했다고 자랑이 대단했다.

하지만 만점짜리 답안은 따로 있었으니…….

'(온), (몸), (이), (성), (감), (대).'

아버지 모시고 와!

선생님이 종민이를 혼내고 있었다.
"숙제를 이 모양으로 해오면 어떻게 해! 내일 학교 올 때 아버지 모시고 와!"
종민이가 뒤통수를 벅벅 긁으며 말했다.
"아버지가 이 숙제 하신 걸 어떻게 아셨어요?"

숙제를 하지 못한 이유

선생님이 숙제 검사를 하고 있었다.
"숙제 안 해온 사람, 자진 신고해!"
그러자 경환이가 머리를 긁적이며 앞으로 나왔다.
"이 녀석, 왜 숙제를 안 했어?"
"어제 엄마가 편찮으셔서 못했어요."
선생님이 감동한 표정으로 말했다.
"엄마 간호해 드리느라 못 했구나. 기특하기도 하지."
그러자 경환이가 대답했다.
"아니요. 편찮으시기 전에는 늘 엄마가 해 주셨거든요."

수영장의 그녀

지선이가 모처럼 수영장에 놀러 갔다.

비키니 차림의 지선이는 다이빙대에서 멋지게 다이빙했다.

그런데…… 아뿔싸, 이를 어째! 수면 위로 올라오면서 그만 수영복이 벗겨지고 만 것이다.

아무리 찾아봐도 수영복이 온데간데없어서 지선이가 수영장 안에서 나오지 못하고 있는데, 관리인이 휴식 시간을 알리는 호루라기를 불면서 자꾸 나오라고 재촉하는 것이었다.

난처해진 지선이는 주위를 둘러보기 시작했다.

다행히 나무 팻말이 여러 개 세워진 곳을 발견하고는 재빨리 그곳으로 가서 나무판 하나를 골라 중요 부위를 급히 가렸다. 그런데 사람들이 지선이를 쳐다보고 피식피식 웃는 것이었다.

알고 보니 그 팻말에는 '위험! 수심 2미터: 자신 있는 분들만 들어오세요.' 하고 쓰여 있었던 거다.

얼굴이 새빨개진 지선이는 중요 부위를 가리고 있던 팻말을 버리고, 서둘러서 다른 것으로 가렸다.

그런데 사람들이 더욱 크게 웃어대는 것이 아닌가.

이번 팻말에는 '남성용: 옷 벗고 들어오세요.'라고 쓰여 있었다.

그것을 다시 버리고 또 다른 팻말을 들어서 가렸는데, 이제는 사람들이 아예 데굴데굴 구르면서 웃는 것이었다.

'대인 5천 원, 소인 3천 원, 20명 이상 할인해 드립니다.'

울상이 된 지선이는 할 수 없이 또 다른 팻말로 가렸는데, 이번에는 반응이 정말 심상치 않았다.

'영업시간 오전 9시부터 오후 5시까지……'

지선이는 어쩔 수 없이 마지막 남은 팻말을 기도하는 심정으로 집어 들었다. 그런데 이제는 사람들이 웃다가 눈물까지 찔끔거리는 것이 아닌가.

마지막 팻말에는 이런 글귀가 쓰여 있었다.

'여기는 여러 사람이 사용하는 곳이니 다른 사람들을 위해 깨끗이 사용합시다.'

가족이 함께하는 기도 시간이다. 멍!

한밤중의 전화

동규가 잠을 자고 있을 때, 언제부터인가 밤 12시만 되면 전화벨이 울렸다.

오늘도 어김없이 전화벨이 울렸다.

"따─르르릉… 따르르릉……."

동규는 무서웠지만, 전화를 받았다.

"여… 여보세요……."

"내… 내 몸이 타고 있어…. 하… 내 몸이… 타고 있……."

동규는 전화를 끊었다. 이런 일이 벌써 다섯 번도 넘었다. 동규는 용하다는 부적도 지녀 보고, 절에도 가 보았지만 별 소용이 없었다.

어느 날은 동규의 어머니가 같이 주무셨는데, 그날도 밤 12시가 되자 전화가 왔다.

동규가 무서워서 받지 못하고 벌벌 떨자, 어머니가 그 전화를 받았다.

"내 몸이 타고 있어…. 하… 내 몸이 타고 있다고……!"

그러자 어머니가 하시는 말씀.

"야, 이놈아! 니 주둥아리는 안 타노?"

여사장의 퇴근

당돌녀와 참한녀 그리고 순진녀……. 이렇게 세 명은 여사장이 경영하는 작은 회사에 다니고 있었다.

그런데 언젠가부터 여사장이 매일같이 몇 시간씩 일찍 퇴근하는 것이었다. 그래도 세 명의 여직원은 책임의식이 강했던지라 한동안 정시까지 일한 후 퇴근했다.

그러던 어느 날 참한녀가 말했다.

"사장이 매일같이 일찍 퇴근하는데, 우리도 일찍 퇴근하자."

세 사람은 입을 맞춰 그렇게 하기로 했다. 그날도 여사장이 오후 세 시에 퇴근하자, 세 명의 여직원도 조금 있다 퇴근했다.

당돌녀는 오래간만에 남자 친구와 오붓한 데이트를 즐겼고, 참한녀는 평소에 하지 못한 집안일을 깨끗이 해치웠다.

그리고 순진녀는 집에 도착하자마자 침실로 향했는데, 침실 안에서 인기척이 들렸다. 그래서 살그머니 다가가 침실 안을 보았더니 글쎄 남편과 사장이 같이 있는 것이 아닌가.

하지만 순진녀는 아무 말도 하지 못한 채 집을 나서고 말았다.

다음 날, 여직원들이 모여서 어제 있었던 얘기를 나눴다.

당돌녀: 어제 난 남자 친구 만나서 너무 즐거웠다! 정말 신나더라.

참한녀: 나도 오래간만에 집에 일찍 가니까 너무 좋더라. 우리 오늘도 일찍 갈래?

그러자 순진녀가 당황해하며 말했다.

"난 싫어! 어제 일찍 퇴근한 거 하마터면 사장한테 걸릴 뻔했어."

말이 되는 말

하느님께서 소를 만드시고 소한테 말씀하셨다.
"너는 60년만 살아라. 단 사람들을 위해 평생 일만 해야 한다."
그러자 소는 30년은 버리고, 30년만 살겠다고 대답했다.
두 번째로 개를 만드시고 말씀하셨다.
"너는 30년을 살아라. 단 사람들을 위해 평생 집만 지켜라."
그러자 개는 15년은 버리고, 15년만 살겠다고 대답했다.
세 번째로 원숭이를 만드시고 말씀하셨다.
"너는 30년만 살아라. 단 사람들을 위해 평생 재롱을 떨어라."
그러자 원숭이도 15년은 버리고, 15년만 살겠다고 대답했다.
네 번째로 사람을 만드시고 말씀하셨다.
"너는 25년만 살아라. 너한테는 생각할 수 있는 머리를 주겠다."
그러자 사람이 하느님께 말했다.
"그럼 소가 버린 30년, 개가 버린 15년, 원숭이가 버린 15년을 다 주세요."
그래서 사람은 25살까지는 주어진 시간을 그냥저냥 살고, 26살부터 55살까지는 소가 버린 30년으로 일만 하면서 살고, 퇴직 후에는 개가 버린 15년으로 집만 지키면서 살고, 그 후에는 원숭이가 버린 15년으로 손자 손녀 앞에서 재롱을 떨며 살게 되었다고 한다.

부부 사랑

아담이 하느님께 여쭈었다.
"하느님, 이브는 정말 예뻐요. 그런데 왜 그렇게 예쁘게 만드셨어요?"
"그래야 네가 반할 것 아니냐?"
"그리고 피부는 왜 그렇게 부드러워요?"
"그래야 이브를 쓰다듬어 주면서 사랑해 줄 것 아니냐?"
갑자기 아담이 입을 삐죽이면서 말했다.
"그런데…… 이브는 좀 멍청해요."
"아담아, 그래야 이브가 널 좋아할 것 아니냐?"

홀인원

사장이 비서와 함께 골프를 치러 갔다.
그런데 사장의 샷이 엉뚱한 곳으로 날아갔는데도, 비서가 사장에게 잘 보이기 위해 '나이스샷!'이라고 외쳤다.
다시 사장이 샷을 날렸는데, 이번에도 엉뚱한 곳으로 날아갔다. 그랬더니 비서는 '굿샷!'이라고 외쳤다.
다시 한 번 사장이 샷을 날렸는데, 이번에는 홀인원이 되었다. 그때 비서의 입에서 자기도 모르게 튀어나온 말.
"어쭈구리~!"

어느 사형수의 지혜

교도소에서는 사형수가 사형당하는 날 먹고 싶은 음식을 먹게 해 주었는데…….
교도관: 그래, 너는 지금 뭐가 먹고 싶니?
사형수: 딸기요.
교도관: 지금은 겨울이라 딸기가 없는데…….
사형수: 그럼 기다리죠, 뭐.

친구 바보 만들기

버전 1

　나: 벙어리가 슈퍼에 가서 칫솔을 달라고 하려면 어떻게 해야 하지?

　친구: (막 이빨을 닦는 척한다.) 이렇게 하면 되지.

　나: 그러면 장님이 슈퍼에 가서 지팡이를 달라고 하려면 어떻게 해야 하지?

　친구: (지팡이를 짚는 척한다.) 이렇게 하면 되지.

　나: 하하하! 장님은 말을 할 수 있는데…….

버전 2

　나: 경찰차는 폴리스 카, 소방차는 파이어 카! 그럼 병원 차는?

　친구: 하스피럴 카! (대부분이 이렇게 말한다. 그러나 영어 잘 모르는 사람에게는 삼가도록!)

　나: 앰뷸런스잖아…….

　친구: 헐~!

버전 3

　나: 이번에 답이 두 개다!

　친구: 응.

　나: 저~기 저~기 산 넘고 산 넘고 산 넘어서 사과나무 한 그루가 있다! 거기에 사과가 몇 개 열려 있게?

친구: 야, 그걸 내가 어떻게 알아?

나: 답을 알려 줘도 모르냐? 내가 아까 처음 시작할 때 답이 두 개라고 말해 줬잖아.

버전 4

나: 너, 두 발로 걷는 쥐가 뭔 줄 알아?

친구: 몰라.

나: 미키 마우스잖아! 그럼 두 발로 걷는 개는?

친구: 몰라. (또는 구피.)

나: 그럼 두 발로 걷는 오리는?

친구: (자신 있게) 도널드 덕!

나: 땡~! 오리는 다 두 발로 걸어.

버전 5

나: 캠퍼스라고 다섯 번 말해 봐.

친구: 캠퍼스, 캠퍼스, 캠퍼스, 캠퍼스, 캠퍼스.

나: 세 번만 더.

친구: 캠퍼스, 캠퍼스, 캠퍼스.

나: 각도 잴 때 쓰는 기구는?

친구: 컴퍼스!

나: 바보~. 각도 잴 때는 각도기를 쓰지, 쯧쯧.

버전 6

나: 너 이제부터 절대로 '흰색'이라고 말하면 안 돼!

친구: 응!

나: (머리카락을 가리키며) 이거 무슨 색?

친구: 당연히 검은색이지.

나: 틀렸어! '검은색'이라고 말하면 안 된다고 했잖아.

친구: 언제? '흰색'이라고 말하면 안 된다고 했잖아!

나: 땡! 너 방금 '흰색'이라고 말했지?

버전 7

나: 친구야, '닌자 거북이'를 열 번 외쳐 봐.

친구: 닌자 거북이, 닌자 거북이, 닌자 거북이, 닌자 거북이, 닌자 거북이, 닌자 거북이, 닌자 거북이, 닌자 거북이, 닌자 거북이, 닌자 거북이.

나: 친구야, 세종대왕이 만든 배 이름은 뭐게?

친구: 거북선!

나: 쯧! 세종대왕이 배도 만들었다니…….

버전 8

나: 친구야, '아니.'라고 말하면 바보가 되는 거야. 알겠지?

친구: 응.

나: 담이 높은 어떤 큰 집이 있었어. 그 집에 들어가야 하는데, 문이 열려 있는 거야. 그런데 너 같으면 담을 넘어갈 거야?

(때때로 아무 생각 없이 듣는 애들은 단번에 속아 '아니.'라고 한다. 하지만 대부분 여기서는 잘 걸리지 않는다.)

친구: (억지로) 응.

나: 담을 넘어간다고? 무리하는군. 좋아! 담을 넘었더니, 커다란 개 한 마리가 순식간에 너한테 덤벼들어서 네 다리를 물려고 그래. 너는 물릴 거야?

친구: (역시 안 속는다.) 응.

나: 개한테 물린다고? 좋아! 현관문을 여는데 열쇠가 없었어. 그런데 옆을 보니 창문이 열려 있는 거야. 그런데 넌 열린 창문으로 가지 않고, 문을 부수고 들어갈 거야?

친구: (약간 생각하며) 응.

나: 이야~! 절대 안 속네? 맨 마지막엔 다 속던데. 너 어디서 이 얘기 들은 거지?

친구: (다시 아무 생각 없이) 아니~!

버전 9

나: 야! '나비'라고 해 봐~.

친구: 나비.

나: 그럼 '정상'이라고 해 봐. (넌 오늘 죽었다잉~.)

친구: 정상.

나: 그럼 한꺼번에 말해 봐.

친구: 나비정상.

나: 뭐? 너 비정상이라구? 하하하!

버전 10

나: 내가 금붕어 삼행시 지어 볼게. 운 띄워 봐.

친구: 그래, 금!

나: 금요일에 누가 그러는데…….

친구: 붕!

나: 붕어랑 너랑 IQ가 똑같다며?

친구: 어!

나: 맞는다고? 정말이었구나~!

버전 11

나: 친구야! 100, 200, 300, 400, 500을 다섯 번 크게 해 봐.

친구: 100, 200, 300, 400, 500. 100, 200, 300, 400, 500. 100, 200, 300, 400, 500. 100, 200, 300, 400, 500. 100, 200, 300, 400, 500.

나: 100 다음은?

친구: 200!

나: 100 다음은 101이야.

버전 12

나: 올챙이는 찬물에 알을 낳을까, 따뜻한 물에 알을 낳을까?

친구: 음…… 찬물! (아니면) 따뜻한 물!

나: 땡~ 틀렸어! 올챙이가 어떻게 알을 낳아?

버전 13

나: 친구야, '왜'를 다섯 번 말해 봐.

친구: 왜, 왜, 왜, 왜, 왜.

나: 너 틀렸어.

친구: 왜?

나: 방금 여섯 번째 말했으니까.

버전 14

나: 커닝을 열 번 말해 봐.

친구: 커닝, 커닝, 커닝, 커닝, 커닝, 커닝, 커닝, 커닝, 커닝, 커닝.

나: 미국의 초대 대통령 이름은?

친구: 링컨.

나: 워싱턴이지.

버전 15

나: 영희네 가족은 엄마, 아빠와 일곱 자매야.

여섯 명의 자매 이름은 빨강이, 주황이, 노랑이, 초록이, 파랑이, 남숙이야. 그렇다면 막내 이름은 뭘까?

친구: 보라! 아냐?

나: 내가 처음에 영희네 가족이라고 했잖아. 그러니까 영희지.

토끼와 슈퍼마켓 아저씨

당근 주스를 무척 좋아하는 토끼가 슈퍼마켓에 주스를 사러 갔다.
토끼: 아저씨, 당근 주스 얼마예요?
주인: 한 병에 500원이다.
토끼: 그럼 5병 주세요!
토끼는 주스를 받고 나서 100원짜리 25개를 바닥에 쫙 뿌리고 나갔다.
슈퍼 주인은 황당했지만 쭈그리고 앉아 동전을 모두 주울 수밖에 없었다.
다음 날, 토끼가 또 오더니 주스를 한 병 사고는 5천 원짜리를 냈다.
그래서 슈퍼 주인은 "옛다, 거스름돈이다!" 하면서 100원짜리 45개를 바닥에 뿌렸다.
그러자 토끼가 문 쪽을 향해 말했다.
"애들아, 들어와. 하나씩 마셔!"
아홉 마리 토끼가 우르르 들어와 주스 하나씩을 들고 나갔다.
혼자 남은 아저씨는 또 동전을 주워야만 했다.

"깜짝이야!"

비둘기의 운명은?

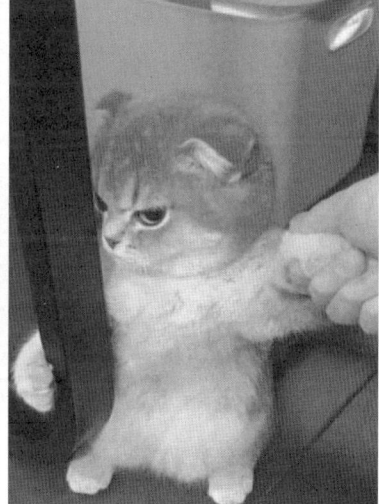

"흥! 야옹이 삐쳤다구!"

남자들만 아는 고통.

충청도 말

충청도 말은 너무 느려서 답답하다고 하는 사람들이 있다.
하지만 알고 보면 천만의 말씀이다.
각 지방의 사투리를 비교해 보자.

사례 1
표준어: 돌아가셨습니다.
경상도: 운명했다 아임미까.
전라도: 운명하셨어라.
충청도: 갔슈.

사례 2
표준어: 정말 시원합니다.
경상도: 억수로 시원합니더.
전라도: 겁나게 시원해 버려라.
충청도: 엄청 션해유.

사례 3
표준어: 빨리 오세요.
경상도: 퍼뜩 오이소.
전라도: 허벌라게 와버리랑께.
충청도: 빨와유.

사례 4
표준어: 괜찮습니다.
경상도: 아니라예.
전라도: 됐써라.
충청도: 됐슈.

이래도 인정할 수 없다는 분들!
표준어: 이 콩깍지가 깐 콩깍지인가, 안 깐 콩깍지인가?
충청도: 깐 겨, 안 깐 겨?

아직도 인정하지 못하겠다면?
서울에 사는 사위가 충청도 처가댁을 방문했다.
귀한 사위를 위해 맛있는 음식을 준비하고 싶은 장인이 고민하던 끝에 한 말씀 하셨다!
표준어로는 "박 서방, 혹시 개고기 먹을 줄 아는가?"라고 해야 할 말을 딱 두 글자로 끝냈다.
"개 혀?"

남편 뒷조사

남편의 최근 행동에 의심을 품은 아내가 사립 탐정에게 남편의 뒷조사를 의뢰했다.

하루 동안 남편을 미행한 사립 탐정이 곧장 결과를 보고했다.

"부인께서 부탁하신 대로 어제저녁 내내 남편을 미행했습니다. 남편께서는 시내 한 술집에 들렀고, 다음에는 노래방 그리고 마지막으로 모텔에 들어가시더군요."

사립 탐정의 말에 아내는 뭔가 건수를 잡은 것 같아 손뼉을 치며 말했다.

"그래요? 그럼 그 사실만으로도 이혼을 청구할 수 있겠군요?"

"글쎄요, 그게……."

"아니, 왜 그러세요?"

그러자 머뭇머뭇하던 사립 탐정이 결심한 듯 말했다.

"그게 말입니다, 남편께서는 어제저녁 내내 부인의 뒤만 따라다녔거든요."

영감과 할멈의 대화법

옛날에 장님 영감과 벙어리 할멈이 부부로 살았다.

어느 날 이웃집에 불이 나자, 화들짝 놀란 할멈이 방으로 뛰어들어왔다.

영감이 "무슨 일이오?" 하고 물었다.

할멈은 영감의 두 손으로 자기 젖무덤을 만지게 한 다음, 영감의 가슴에 사람 인(人) 자(字)를 그었다. 젖무덤 둘과 인(人)을 합하니 불 화(火)가 되었다.

그러자 영감이 고개를 끄덕이며 말했다.

"불이 났군. 그런데 누구네 집이야?"

할멈이 이번에는 영감에게 입맞춤했다. 입[口]과 입[口]이 합쳐진 모양을 나타낸 것이다.

"뭐? 여(呂)씨 집이라고! 그래, 어느 정도 탔나?"

놀란 영감이 다시 묻자, 할멈이 영감의 남근(男根)을 꽉 움켜잡았다.

"아이고! 다 타고 기둥만 남았군."

직업별 거짓말

▶ 모범생: 아휴! 이번 시험은 완전히 망쳤다.
▶ 옷 가게 주인: 어머, 언니한테 딱이네! 완전 맞춤이야!
▶ 수능 출제위원: 이번 수능시험은 정상적으로 고등학교 과정을 이수한 학생이라면 누구나 쉽게 풀 수 있는 문제들로만 출제했습니다.
▶ 남대문 노점상 아저씨: 이거 밑지고 파는 거예요.
▶ 정치가: 단 한 푼도 받지 않았습니다.
▶ 엄마: 대학 가면 살 빠지니까, 지금 부지런히 먹어!
▶ 선생님: 이건 꼭 시험에 나온다!
▶ 웨딩 사진사: 내가 본 신부 중에 제일 이쁘네요.
▶ 비행기 조종사: 승객 여러분, 아주 사소한 문제가 발생했습니다.
▶ A/S 기사: 이런 고장은 처음 봅니다.
▶ 약장수: 이 약 한 번 드셔 봐! 팔, 다리, 어깨, 허리, 간장, 위장, 소장, 대장이 다 시원해져!
▶ 수석 합격생: 잠은 충분히 자고, 학교 공부만 충실히 했고, 교과서 위주로 공부했습니다.
▶ 미스 코리아: 그럼요! 내적인 미가 더 중요하죠.
▶ 중국집 주인: 아이구! 주문하신 음식 방금 출발했습니다.
▶ 학원 원장: 전국 최고의 합격률을 자랑하죠.
▶ 신인 배우: 외모가 아닌 실력으로 인정받고 싶어요.
▶ 사장: 우리 회사는 바로 사원 여러분의 것입니다.

▶ 회사원: 내일 당장 때려치운다!

▶ 교장 선생님: (조회 시간) 에…… 마지막으로 한마디만 간단히 하겠습니다.

▶ 간호사: 이 주사는 하나도 안 아파요.

▶ 연예인: 우린 그냥 친구 사이일 뿐이에요!

▶ 매니저: 이거 ○○○ 기자님한테만 말하는 건데…….

현실적인 마네킹.

결혼식 비용은 얼마?

교회에서 결혼식을 막 끝낸 신랑이 허겁지겁 지갑을 꺼내며 비용을 물었다.

그러자 목사가 말했다.

"우리 교회에서는 비용을 따로 받지 않습니다. 다만 신부가 아름다운 만큼 돈을 내시면 감사히 받겠습니다."

"아, 그러세요? 여기 10만 원 넣었어요. 감사합니다."

신랑이 많은 비용을 지불할 것이라고 기대하던 목사는 신부를 힐끗 보았다. 그리고 신랑에게 말했다.

"거스름돈 9만 원 받아 가세요."

영리한 개

"이 세상에 우리 뽀삐처럼 영리한 개는 없을 거야."
"어째서?"
"아침마다 내게 신문을 갖다주거든."
"그게 뭐 그리 대단한 일이라고?"
"대단하지. 우리 집은 신문을 구독하지 않거든."

한마디 상의도 없이

남편이 미용실에 다녀오는 아내를 보고 갑자기 화를 벌컥 냈다.
"이봐! 나하고 한마디 의논도 없이 단발로 자르다니, 어쩌자는 거야?"
그러자 아내가 어이없고 황당하다는 표정으로 대꾸했다.
"그러는 당신은 왜 한마디 상의도 없이 대머리가 된 거야?"

의리 좋은 친구들

남편의 귀가 시간이 매일 늦었다. 이에 의심을 품은 아내가 남편과 친한 다섯 명에게 문자를 보냈다.
'남편이 돌아오지 않았는데 혹시 댁에 있는지요? 곧 회신해 주기 바랍니다.'
그날 밤 똑같은 내용의 회신이 다섯 통 왔다.
'우리 집에 와 있음. 걱정하지 마세요.'

그러면 누구한테 보낸 거야?

한 남자에게 여자 친구로부터 문자가 왔다.
'우리 헤어지자. 나 이제 너 싫어. 헤어져!'
깜짝 놀란 남자는 마음도 아프고, 당황해서 답장을 보냈다.
'갑자기 그게 무슨 말이야? 진심이야?'
문자를 보내자마자 바로 답장이 왔다.
'어, 미안! 너한테 보내려고 한 문자가 아니야. 잘못 보냈어.'

품위 있는 여자

평소에 품위 빼면 시체인 여자가 레스토랑에 가서 스테이크를 시켰다.
웨이터가 와서 물었다.
"스테이크 어떻게 해 드릴까요?"
여자는 한껏 품위 있게 다리를 꼬며 말했다.
"최선을 다해서 해 주세요."

외국인 신부의 미사

　아직 우리말의 단어 선택에 서툰 한 외국인 신부가 송년 감사 미사를 집전했다.
　『친애하는 형제자매 여러분, 오늘 한 년(年)의 마지막 미사를 드립니다. 그리고 새 년을 맞이하는 미사도 겸하게 됩니다.
　이 밤이 지나면 이년이 가고 새 년이 옵니다. 오는 년을 맞이함에 있어 새 년과 함께 보낼 몸과 마음의 준비를 새롭게 해야겠습니다. 또한 간 년을 과감히 정리하는 마음가짐도 가져야겠습니다.
　지난 년들을 돌이켜 보면 여러 가지 꿈과 기대에 미치지 못한 년도 있었고, 어떤 년은 만족스러웠으며, 어떤 년은 참 재미있었습니다.
　물론 새로 오는 년은 어떤 년일까 하는 호기심과 기대도 있을 겁니다. 그러나 분명한 것은 이년 저년 할 것 없이 모두가 하느님이 주신 년이란 것입니다.
　형제자매 여러분, 새 년을 맞이해서도 항상 행복하고 즐겁게 사시길 바랍니다.』

친구의 우정

어느 중년 남자가 매일 포장마차에서 소주를 마셨는데, 꼭 두 잔만 마시고 귀가하는 것이었다.

이를 궁금히 여긴 포장마차 주인이 물었다.

"무슨 사연이 있으시기에 매일 소주를 두 잔만 드시는지요?"

그 남자가 천천히 입을 열었다.

"예전에 나와 절친한 친구가 있었는데, 그 친구가 먼저 세상을 떠났습니다. 한 잔은 친구의 잔이고, 다른 한 잔은 내 잔입니다."

그러던 어느 날, 그날은 웬일인지 그 남자가 소주를 한 잔만 마시고 일어나는 것이었다.

포장마차 주인이 급히 물었다.

"왜 오늘은 한 잔만 드시고 갑니까?"

"네, 저는 오늘부터 술을 끊었거든요."

엄마의 휴대폰의 'ㅅㅂㄴ'은?

딸이 어쩌다 엄마의 휴대폰 통화 목록을 보게 되었다.
그런데 통화 목록 중에 'ㅅㅂㄴ'이라고 뜨는 것이 있었다. 그 사람이 누군지 궁금했다.
딸이 엄마한테 휴대폰을 들이대며 물었다.
딸: 엄마! 이거 'ㅅㅂㄴ'이 누구야?
엄마: 응~. 네 아빠지 누구니?
딸: 엄마! 어떻게 아빠를 '시바르노므'이라고 할 수 있어?
엄마: 아니, 시바르노므이라니? 서방님이야, 서방님!
딸: 응. 난 늘 욕밖에 안 나와서……. 미안해요.

용

화장실에 사는 두 마리 용은?
☞ 신사용, 숙녀용
오락실에 사는 두 마리 용은?
☞ 1인용, 2인용
오늘 당신에게 세 마리 용을 선물합니다.
☞ 웃어용~, 힘내용~, 고마워용~!

세상에서 가장 어려운 일

　세상에는 어려운 일 두 가지가 있다.
　첫 번째는 내 생각을 남의 머리에 넣는 일이고, 두 번째는 남의 돈을 내 주머니에 넣는 일이다.
　첫 번째 일을 하는 사람을 '선생님'이라 부르고, 두 번째 일을 하는 사람을 '사장님'이라 부른다.
　그리고 이 어려운 두 가지 일을 한 방에 다하는 사람을 '마누라'라고 부른다.
　그러므로 선생님에게 대드는 것은 배우기 싫다는 뜻이고, '사장님에게 대드는 것은 돈 벌기 싫다는 뜻이다.
　그렇다면 마누라에게 대드는 것은?
　세상 살기 싫다는 뜻이다.

인생에서 가장 슬픈 세 가지

　첫째, 할 수 있었는데…….
　둘째, 해야 했는데…….
　셋째, 해야만 했는데…….

개들의 전국대회

각 시·도를 대표하는 개들이 삼복을 앞두고 전국대회를 열었다. 그리고 이 대회에서 살아남기 위한 10계명을 채택했다.
내용은 다음과 같다.

1. 아무나 보고 짖지 않는다.
2. 땅에 떨어진 음식이나 모르는 사람이 주는 음식을 함부로 먹지 않는다. 미끼일 수 있다.
3. 복날에는 주인이라도 함부로 믿고 따라가지 않는다.
4. 가급적 밖으로 나돌아다니지 않는다. 불가피하게 나가더라도 영양탕집 앞을 지나가서는 안 된다.
5. 미견계(美犬計)를 쓸 수 있으니 예쁜 강아지를 봐도 눈길을 주지 않는다.
6. 기온이 30도 이상 올라가면 야산으로 도망쳐서 25도 이하로 떨어진 후에 돌아온다.
7. 성이 변(便)가인 개는 특히 조심해라. 표적이 된다.
8. 만약 잡히면 입에 거품을 물고 길길이 날뛰면서 미친 척해라.
9. 다른 개가 잡혀가는 것을 목격하더라도 의협심을 발휘하여 도와주면 안 된다. 함께 개죽음을 당할 수 있다.
10. 이상의 수칙은 초복 열흘 전부터 말복 열흘 후까지 지킨다.

엉덩이 나라

엉덩이 나라에서 사는 용은? ☞ 똥꾸~눙

엉덩이 나라에서 사는 새는? ☞ 똥냄~새

엉덩이 나라에서 사는 뱀은? ☞ 설사

엉덩이 나라의 왕비 이름은? ☞ 변비

엉덩이 나라의 충신 이름은? ☞ 회충, 요충, 십이지장충, 편충

엉덩이 나라의 중국집 이름은? ☞ 몽고반점

엉덩이 나라의 고유한 전통 음료 이름은? ☞ 갈아 만든 똥

엉덩이 나라의 회계장부는? ☞ 차변은 없고, 대변만 존재한다.

엉덩이 나라의 일류학교는? ☞ 똥통대학교

엉덩이 나라의 개 이름은? ☞ 똥~개

엉덩이 나라의 개가 짖는 소리는? ☞ 똥꾸~멍! 똥꾸~멍!

엉덩이 나라에서 사는 고양이가 우는 소리는? ☞ 똥구뇨오옹~ 똥꾸뇨오옹~

엉덩이 나라에서 사는 쥐 이름은? ☞ 뿌지~쥐, 똥누~쥐, 똥싸~쥐, 뭉개~쥐

엉덩이 나라에 흐르는 냇물은? ☞ 똥구린~내, 똥찌린~내

엉덩이 나라의 냇물이 모여서 흐르는 강은? ☞ 요~강

엉덩이 나라의 최고령 할아버지는? ☞ 뽀오~옹, 또오~옹

엉덩이 나라의 검은 망토와 가면을 쓴 정의의 사나이는? ☞ 쾌변 조로

엉덩이 나라의 건강 호흡법은? ☞ 변기신공

영어가 뭐라고……

엘리베이터에서 세준이가 열림 버튼을 누르고 엄마에게 말했다.
"엄마, 빨리 와! 엘리베이터 문 닫힌단 말이야."
엄마가 헐레벌떡 엘리베이터 안으로 뛰어 들어왔다.
엘리베이터 문이 닫히자 엄마가 세준이를 나무랐다.
"엄마가 그렇게 하지 말랬지!"
옆에 있던 사람이 끼어들면서 괜찮다고 말했다.
"너무 나무라지 마세요."
엄마는 들은 체도 하지 않고서 세준이에게 이렇게 말했다.
"다시 말해 봐. 엘리베이러~."

"처음 뵙겠습니다~!"

남편이 필요하다고 느낄 때

1. 밤늦게 쓰레기 버리러 나가야 할 때.
2. 한밤중에 손이 닿지 않는 곳이 가려울 때.
3. 화장실에서 볼일 본 뒤 화장지가 떨어진 것을 발견했을 때.
4. 내가 좋아하지 않는 음식이 남아서 처치 곤란일 때.
5. 귤껍질을 벗겼는데 먹어보니 너무 시었을 때.
6. 졸려 죽겠는데 일어나서 스탠드 불을 꺼야 할 때.

신세대 할머니와 청년

할머니가 버스를 탔다. 그런데 버스가 크게 흔들리는 바람에 넘어지고 말았다.
옆에 있던 청년이 말했다.
"할머니, 괜찮으세요?"
그러자 할머니가 주위를 둘러보며 하는 말.
"지금 아픈 게 문제야? 쪽팔려 죽겠는데."

막대기

네 살짜리 훈이가 엄마와 함께 버스를 탔다.

그들은 빈자리가 없어, 좌석에 앉아 있는 어느 남학생 앞에 서 있었다.

얼마 못 가 훈이가 칭얼거리기 시작했다.

"엄마, 다리 아파……."

훈이의 말을 들은 남학생이 좌석을 양보하려 하자, 엄마가 괜찮다며 사양했다.

훈이가 계속 칭얼거리자, 남학생이 말했다.

"그럼 형아 무릎에 앉을래?"

남학생은 네 살짜리 훈이를 무릎에 앉혔다.

근데 문제는 다음 정거장이었다.

다음 정거장에서 쭉쭉빵빵한 아가씨가 버스에 올라탔다. 그녀는 초미니스커트에 풍만한 몸매가 드러나는 쫄티를 입고 있었다. 몸매는 황홀 그 자체!

버스 안에 있는 사람들의 시선이 그 아가씨한테로 쏠렸는데, 하필이면 쭉쭉빵빵 미니스커트 아가씨가 남학생 앞에 와서 섰다.

순간, 훈이가 내뱉은 한마디가 어수선한 버스 안 분위기를 얼어붙게 만들었다.

"엄마, 형아 주머니에 딱딱한 막대기가 있나 봐. 내 엉덩이를 자꾸만 쿡쿡 찔러!"

이런 일이 있었어요!

1. 라디오 프로그램 생방송 중에 재미있는 사연을 소개하는 코너가 있는데, 이런 문자가 도착했다.
'지금 아빠랑 택시 타고 어디 가는데, 택시 기사 아저씨가 길을 몰라서 아빠가 운전하고 있어요.'
'소개팅 첨 나갔는데, 너무 긴장해서 냉면을 '호호' 하고 불어먹었어요.'

2. 미숙이가 장동건의 실물을 보고 '흠, 그냥 그렇네.' 하고 생각하면서, 옆자리에 있는 남친을 바라봤다. 그런데 웬 오징어가 팝콘을 먹고 있더라고…….

3. 현수가 신종 플루로 조퇴 한번 해 보려고, 드라이기로 귀를 뜨겁게 한 다음 보건실로 가서 체온을 쟀다. 그랬더니 80도가 나왔다고.

4. 경미한테 '민토(민들레영토)' 앞에서 보자고 했다. 그랬더니 '민병철 토익학원' 앞에 서 있었다고.

5. 혜진이가 눈 작은 친구랑 같이 스티커 사진 찍은 다음 '잡티 제거' 기능을 눌렀다. 그런데 그 친구 눈이 사라졌더라고…….

6. 송민이가 야사 하나가 졸면서 교실 문을 열었다. 그런데 담임 선생님이 문밖에 떡하니 서 있어서, 너무 놀란 나머지 자기도 모르게 따귀를 때렸다고…….

7. 동네 주유소에서 알바하는 남자 중에 꽤 괜찮은 사람이 있었다. 진영이가 그 남자한테 눈도장 찍으려고 날마다 그 주유소에 들러 휘발유 1리터씩을 사 갔다.
그런데 어느 날 그 동네에 연쇄 방화 사건이 나서 경찰들이 조사하러 다녔다. 그런데 그 알바하는 남자가 경찰한테 수상한 여자가 있다고 말해서, 진영이는 1차 용의자로 지목되었다고…….

8. 용석이가 지하철을 탔는데, 앞에 남녀 커플이 앉아 있었다. 여자가 애교 섞인 코맹맹이 소리로 말했다.
"자기야~, 나 파마머리 한 거 어때? 별로 안 어울리는 거 같지?"
그 말에 남자가 대답하는 소리를 듣고, 주변 사람들까지 빵 터졌다고…….
"넌 생머리도 안 어울려."

9. 가게 점원인 은혜가 성경을 읽고 있다가, 손님이 들어오자 이렇게 인사했다고…….
"어서 오소서!"

10. 상민이 아빠가 치킨을 시키고 나서 보니 수중에 돈이 없었다. 그런데 치킨이 배달되자, 당황한 상민이 아빠가 배달 알바생

에게 이렇게 말했다.

"나중에 뼈 찾으러 올 때 드릴게요."

11. 재원이네 집 강아지가 옆집에서 키우는 토끼를 물고 왔는데, 토끼가 흙투성이가 된 채로 죽어 있었다. 재원이 아버지는 식겁해서 토끼 몸에 묻은 흙을 깨끗하게 씻긴 다음 옆집에 몰래 갖다 났다.
다음 날 옆집 사람이 토끼를 발견하고 소리쳤다.
"웬 미친 X이 죽어서 묻은 토끼를 씻겨 놓은 거야!"

12. 카카오 99% 초콜릿이 한창 유행할 때, 민정이가 술 마시고 자는 아버지 입에 초콜릿 한 알을 넣어드렸다. 다음 날 아침에 식사하면서 아버지가 하는 말.
"이젠 술을 끊어야겠어. 어젯밤엔 쓸개즙을 토했지 뭐야!"

13. 아버지가 민호에게 '찌질이'가 뭐냐고 물어보셨다. 민호가 '촌스럽고 덜떨어진 사람'을 말한다고 대답했다.
어느 날 민호가 아버지의 휴대폰을 우연히 봤다. 그런데 헐! 자기랑 자기 형이 '찌질이 1', '찌질이 2'라고 저장되어 있더라고…….

14. 혜미가 빨간 코트에 까만 어그(UGG) 부츠를 신고 데이트하러 나갔다. 그런데 혜미의 차림을 본 남친이 이렇게 말했다.
"너 영의정 같다."

15. 철규가 영화관에서 친구랑 영화를 보고 있는데, 갑자기 참을 수 없을 만큼 배가 아팠다. 철규는 살그머니 일어나 화장실에 가서 일을 보고 자리로 돌아와서 시원하다는 듯이 친구 귀에다 대고 말했다. "나 똥 2킬로 쌌다." 그런데 웬 아저씨가 "수고하셨어요."라고 말하는 것 아닌가.
헐! 도대체 철규는 누구한테 '똥' 이야기를 한 거야?

16. 선생님이 미술 시간에 아이들에게 자신이 좋아하는 음식을 그리라고 했다.
동훈이는 바닥 전체를 까맣게 칠해 놓았다.
그것을 본 선생님이 물었다.
"동훈아, 이게 뭐니?"
"김이에요!"
그 말을 들은 선생님이 화가 난 듯 동훈이가 그린 그림을 박박 찢으면서 소리쳤다.
"야! 이거 집에 가져가서 떡국에 넣어 먹어!"

17. 제주도에 사는 재훈이가 방송사에서 실시한 한 행사의 경품에 응모하여, 3등에 당첨되었다. 우와~!
그런데 3등 상품이 '제주도 여행 상품권'이더라고.

18. 방에서 나올 때 불 끄는 게 습관인 종국이가 한 회사에 면접을 보러 갔다.
면접이 끝난 후 인사를 한 종국이는 습관대로 불을 끄고 나왔다고

19. 광규가 면접을 보러 갔는데 면접관이 "아버지는 뭐 하시나?" 하고 물었다.

예상치 못한 질문에 당황한 광규는 "밖에서 기다리고 계십니다."라고 대답했다고.

20. PC방에서 게임을 하다 목이 마른 진수가 알바한테 가서 말했다.

"물 어디서 다운받아요?"

단체 사진. 어디나 튀는 놈 하나씩은 꼭 있다.

치마를 들어 올린 결과는……

정력대회가 열렸다.

남자의 심벌로 주전자를 들고 오래 버티는 시합이었다.

30분이 지나자 다 탈락했고, 맹구와 영구만 남았다.

그때 맹구가 힘을 잃고 주전자를 떨어뜨리려 하자, 맹구 부인이 갑자기 자기 치마를 들어 올리면서 외쳤다.

"보이소!"

맹구 부인이 비상 수단을 쓴 것이었다.

그런데 그 광경을 보고 힘을 얻은 것은 맹구가 아니라, 오히려 영구였다.

영구의 거시기가 새 힘을 얻고 높이 솟아 우승했다.

아차차! 엉덩방아 찧은 아기코끼리.

예수님과 요셉 그리고……

예수님이 죽은 자들을 심판하는데, 어느 할아버지가 눈에 익어 보였다.

지상에 있을 때 직업이 목수였다고 하는데, 예수님의 아버지 요셉과 비슷했다.

예수: 혹시 당신은 보통 사람들과는 다른 이상한 방법으로 아들을 얻지 않았나요?

할아버지: 맞아요. 그런데요?

예수: 혹시 아들의 손과 발에 못 자국이 있지 않았나요?

할아버지: 맞습니다!

그러자 예수님이 할아버지를 얼싸안으며 말했다.

예수: 아버지가 오셨군요. 제가 지상에 있을 때 바로 당신의 아들이었습니다.

그러자 할아버지(제페토)가 감격하며 외쳤다.

"아니, 그럼 네가 피노키오란 말이냐?"

네 개의 발

혜선이가 여고 동창 모임을 끝내고 밤늦게 집으로 돌아왔다.

안방 침실 방문을 열어 본 혜선이는 이불 아래로 발이 네 개가 있다는 걸 알아챘다.

혜선이는 순간 이런 생각을 했다.

'이것이 소위 신라 처용의 '처용가'와 같은 상황이군. 이 남자가 간땡이가 제대로 부었구먼.'

혜선이는 조금의 주저함도 없이 신발장 옆에 세워 둔 남편의 골프채를 갖고 와서 있는 힘을 다해 이불을 마구 내리쳤다.

이윽고 분풀이를 끝낸 혜선이는 땀을 훔치고 나서 와인이나 한 잔 마시려고 주방으로 갔다. 그런데 남편이 그곳에서 신문을 읽고 있는 것이 아닌가?

의외의 상황에 당황해하는 혜선이에게 남편이 말했다.

"이제 왔어? 그런데 웬 땀을 그렇게 흘려? 장인 장모님께서 갑자기 오셔서 우리 침실을 내드렸는데……. 당신, 인사는 했어?"

자기야, 할라꼬?

　선천적으로 끼가 넘쳐 운우지정(雲雨之情)을 매우 좋아하면서 서방님을 끔찍이 사랑하는 여자가 있었다.
　어느 날 남편이 잠을 자다가 새벽에 목이 말라 일어났다.
　그런데 부스럭대는 소리에 잠이 깬 아내가 하는 말.
　"자기야! 지금 할라꼬?"
　'에구, 저 화상! 눈만 뜨면…….'
　남편은 아내를 힐끗 쳐다보고 나서 아무 말 없이 불을 켰다.
　그랬더니 아내가 이브닝 가운을 허벅지까지 올리며 말했다.
　"불 켜고 할라꼬?"
　남편은 순간적으로 정나미가 뚝 떨어져, 잠도 다 깨고 해서 신문이나 보려고 머리맡에 둔 안경을 찾아 썼다.
　그러자 아내가 고개를 갸웃거리며 말했다.
　"안경 쓰고 할라꼬?"
　'으이그! 진짜 못 말린다! 우째 모든 것을 거시기로만 연결 짓냐!'
　남편이 인상을 박박 쓰면서 문을 박차고 나가자, 이놈의 마누라가 졸린 눈을 비비면서 말했다.
　"소파에서 할라꼬?"
　'어휴~ 내가 저런 걸 데리고 사니…….'
　거실로 나온 남편은 애써 모른 척하며 냉장고를 열고 찬물을 꺼내 벌컥벌컥 마셨다.

그때 아내가 거실까지 쫓아 나와 침을 꼴깍 삼키며 하는 말.
"물 마시고 할라꼬? 내도 좀 다고! 목이 타네!"
남편이 물을 한 컵 따라 주고 다시 침대로 와서 잠을 청하려 하니, 아내가 실망한 말투로 말했다.
"오늘은 참았다가 내일 두 번 할라꼬?"
남편이 아무 말이 없자 아내가 다시 말했다.
"자기야! 내일 두 번 하고 코피 터지느니, 오늘 한 번 해 주고 편히 잔 다음 내일도 한 번 해 주면 안 될까?"

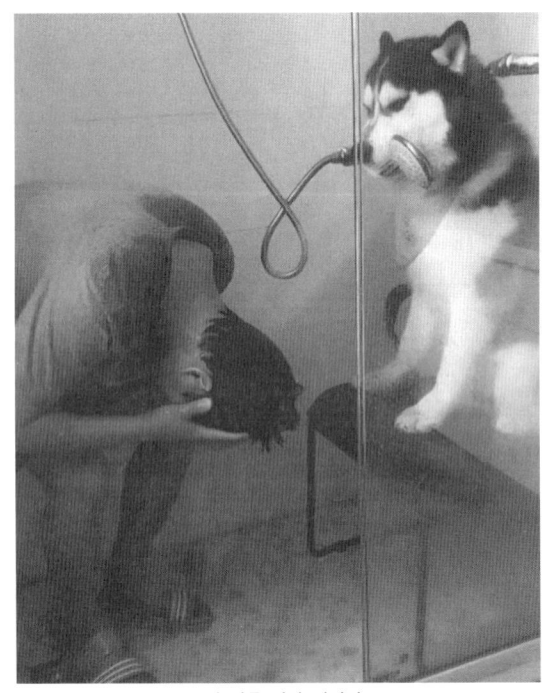

주인 잘못 만난 멍멍이.

국회의원의 이름

유명한 정치인이 지역구 유치원을 방문했다.
"여러분, 내가 누군지 알아요?"
"네, 국회의원이요."
"그럼 내 이름이 뭔지 알아요?"
꼬마 하나가 손을 번쩍 들고서 자신 있게 말했다.
"저 자식이요!"

이놈이 죽었나, 살았나……?

병환을 앓던 아버지가 쓰러지자 삼 형제가 급히 집으로 달려왔다.

큰아들은 의식 없는 아버지를 보며, 막냇동생에게 빨리 의사를 불러오라고 시켰다.

큰아들은 의사가 언제 올지 몰라 몹시 초조했다. 그래서 머릿속엔 온통 심부름 보낸 막냇동생 생각뿐이었다.

의식 없는 아버님의 얼굴을 빤히 보던 큰아들이 초조한 마음에 혼잣말을 했다.

"이놈이 죽었나, 살았나……?"

총각, 불~너줄게

　혹독하게 추운 어느 겨울날, 세상 순진한 총각이 여인숙에 묵게 되었다.
　총각이 짐을 정리하고 방에 누워 있는데, 여인숙 주인 할머니가 노크를 하고 문을 열더니 말했다.
　"총각 손님! 거시기, 불~너줄까?"
　깜짝 놀란 총각이 고개를 설레설레 흔들며 말했다.
　"아니에요. 전 그런 사람 아닙니다."
　얼마 후 할머니가 다시 문을 열고 물었다.
　"불~너줄까?"
　총각이 고개를 흔들었다.
　또 얼마 후 할머니가 다시 문을 열고 물었다.
　"총각! 불~너줄게."
　그러자 총각이 신경질을 내며 말했다.
　"전 그런 사람 아니라니까요!"
　다음 날 총각은 그 방에서 얼어 죽은 채 발견되었다.
　경찰이 할머니에게 전날 상황을 물어봤다.
　그러자 할머니가 대답했다.
　"아니, 이놈의 총각이……. 날씨가 추운께, 내가 자꾸자꾸 몇 번을 따뜻하게 불~너어 준다구 하니께, 썩을 놈의 총각이 자꾸 싫다구~ 싫다구 하더니, 가 버렸네……. 아이고!"

신(新)고사성어

고진감래 ☞ 고생을 진탕하고 나면 감기몸살 온다.
새옹지마 ☞ 새처럼 옹졸하게 지랄하지 마라.
적자생존 ☞ 적는(기록하는) 자가 살아남는다.
침소봉대 ☞ 잠자리에서는 봉(?)이 대접받는다.
사형선고 ☞ 사정과 형편에 따라 선택하고 고른다.
전라남도 ☞ 홀딱 벗은 남자의 그림.
좌불안석 ☞ 좌우지간에 불고기는 안심을 석쇠에 구워야 제맛.
요조숙녀 ☞ 요강에 조용히 앉아서 잠이 든 여자.
죽마고우 ☞ 죽치고 마주 앉아 고스톱 치는 친구.
삼고초려 ☞ 쓰리 고를 할 때는 초단을 조심해라.
희로애락 ☞ 희희낙락 노닐다가 애 떨어질까 무섭다.
개인지도 ☞ 개가 사람을 가르친다.
포복절도 ☞ 도둑질을 잘하려면 포복을 잘해야 한다.
구사일생 ☞ 구차하게 사는 한평생.
조족지혈 ☞ 조기축구회 나가 족구하고 지랄하다 피 본다.
편집위원 ☞ 편식과 집착은 위암의 원인이 된다.
임전무퇴 ☞ 임금님 앞에서는 침을 뱉어선 안 된다.
군계일학 ☞ 군대에서는 계급이 일단 학력보다 우선이다.

석가모니의 지혜

석가모니가 제자와 길을 가다 어느 마을에 이르렀는데, 건달들이 못된 욕을 했다.

그런데 석가모니는 그저 미소만 지을 뿐 노하는 기색이 전혀 없었다.

그러자 제자가 물었다.

"스승님, 그런 욕을 듣고도 웃음이 나오십니까?"

"이보게~, 자네가 나에게 금덩어리를 준다고 하세. 그것을 내가 받으면 내 것이 되지만, 안 받으면 누구 것이 되겠나?"

"원래 임자의 것이 되겠지요."

"바로 그걸세. 상대방이 내게 욕을 했으나 내가 받지 않았으니 그 욕은 원래 말한 자에게 돌아간 것일세. 그러니 웃음이 나올 수밖에."

절묘한 위치에서 찍은 사진.

젊은 여자의 재테크 방법

젊은 여자가 은행에 찾아와서는, 거액을 맡길 테니 은행장을 만나게 해 달라고 말했다.
은행장이 부랴부랴 나타나 그녀를 은행장실로 모셨다.
여자는 서류를 작성하기 시작했다.
'평범한 여자가 어떻게 저 많은 돈을 모았을까……?'
궁금해진 은행장이 물었다.
"유산으로 물려받으셨습니까……?"
"아뇨~!!"
"그럼…… 어떻게 그 많은 돈을……?"
여자가 짧게 대답했다.
"땄어요!"
"그럼 정선 카지노에서……?"
"아뇨! 사람들과 내기를 해서요."
은행장의 눈이 휘둥그레졌다.
"내기를 해서 그렇게 많은 돈을요……?"
그녀가 말했다.
"은행장님도 한번 해 보실래요?"
"……???"
"제가 내일 아침 10시에 다시 올게요. 그때 은행장님 바지 아래 브랄이 정상적으로 붙어 있으면 제가 3천만 원을 드리고, 내일 아침에 붙어 있지 않거나 보이지 않으면 저에게 3천만 원을 주셔야

해요."

엉뚱하기 짝이 없는 말에 은행장은 이해가 가지 않았지만, 젊은 여자 제안에 은근히 흥미가 생겼다. 또 자신이 죽기 전에는 그것이 없어질 리 만무하고, 당연히 이길 자신이 있었기 때문에 선뜻 내기에 응했다.

"좋습니다!"

여자가 돌아간 뒤 마음이 조금 불안해진 은행장은 계속해서 자신의 ㅂ랄을 확인했다.

퇴근하는 차 안에서도, 집에 도착해서도 확인했다. 또 밥 먹으면서도 확인했고, 침대에 누워서도 그것부터 확인하고 잠들었다.

오전 10시가 되자, 어제의 그 젊은 여자가 두 남자와 함께 은행장실로 들어왔다.

여자와 함께 자리에 앉은 한 남자는 변호사였고, 또 한 남자는 뒤쪽 벽 앞에 조용히 서 있었다.

은행장은 돈 많은 여자가 경호원을 두었으려니 하고 대수롭지 않게 생각했다.

드디어 여자가 입을 열었다.

"자, 여기 3천만 원이 준비되었어요. 그전에 당신의 ㅂ랄이 잘 붙어 있는지 직접 확인할게요."

은행장이 일어서서 문을 걸어 잠근 다음, 바지를 벗고 팬티도 내렸다.

여자가 천천히 손을 내밀어 은행장의 ㅂ랄을 만져 보고 나서는 확신에 찬 어조로 말했다.

"좋아요! 당신이 이겼어요! 여기 돈 있어요!"

그러자 벽 앞에 서 있던 남자가 머리를 벽에다가 부딪치기 시작했다.

쿵! 쿵! 쿵……!

은행장이 의아해하는 표정으로 젊은 여자에게 물었다.

"저 사람은 왜 저래요?"

"아, 신경 쓰지 마세요! 저와 내기를 했거든요."

"무슨 내기요?"

"내가 은행장님 브랄을 직접 만지는 데 1억 원을 걸었죠!"

몇 명이 더 죽어야 전쟁이 끝날까?

푸틴이 우크라이나에서 몰리고 있는 장군에게 물었다.

푸틴: 우크라이나에서 전사자가 속출하는데, 앞으로 몇 명이 전사해야 이 전쟁이 끝나겠소?

장군: 한 명이면 됩니다.

당장 가서 엄마 데리고 와!

인적이 드문 시골에서 평생을 살아온 한 가족이 생전 처음 서울 구경을 와서 백화점에 가게 되었다.

아내가 화장품 매장에서 넋이 빠져 있는 동안 남편과 아들은 신기한 철문 앞에서 두 눈을 커다랗게 뜨고 그 철문만 계속 쳐다보고 있었다.

이 신기한 철문은 저절로 열리고 닫히기를 반복했다.

"아빠, 저게 뭐야?"

아들이 묻자 아빠가 대답했다.

"아들아, 나도 생전 처음 본단다."

그때 못생기고 뚱뚱한 할머니가 철문 안으로 들어갔다. 잠시 후 철문이 저절로 닫혔다. 아들과 아빠는 닫힌 철문을 계속 쳐다보고 있었다.

철문 위에서는 1, 2, 3, 4, ……12 하는 식으로 숫자가 깜빡거리며 불이 켜졌다.

한참 후에 숫자가 다시 1로 바뀌더니 철문이 열렸다. 그런데 이게 웬일인가! 거기서 젊고 아리따운 아가씨가 나오는 게 아닌가!

아빠가 갑자기 아들에게 다급한 목소리로 말했다.

"당장 가서 엄마 데리고 와!"

라쿤 가족의 바깥 구경.

"너랑 나랑 같은 옷 입었어!"

꼬마의 물바가지 모자.

"어머! 다리가 꼬였어."

고래냐? 상어냐?

동물 다큐멘터리 프로그램에서 무지하게 큰 상어가 나왔다. 그걸 보고 계시던 할머니가 "저게 고래야, 상어야?" 하고 말씀하시는 순간, 다큐 내레이션이 이렇게 흘러나왔다.
"저것은 고래상어다."

직업에 따른 웃음소리

요리사의 웃음 ☞ Cook Cook Cook(쿡쿡쿡)
축구선수의 웃음 ☞ Kick Kick Kick(킥킥킥)
수사반장의 웃음 ☞ Who Who Who(후후후)
어린애들의 웃음 ☞ Kid Kid Kid Kid(키득키득키득)
여자만 좋아하는 남자의 웃음 ☞ Girl Girl Girl(걸걸걸)
남자 바람둥이의 웃음 ☞ Her Her Her(허허허)
여자 바람둥이의 웃음 ☞ He He He(히히히)

브래지어와 형제

일본에서 유학하는 효진이가 한 가게에서 알바를 하고 있었다.
어느 날, 가게 사장이 효진이한테 "브라자와 난데스까~?"라고 물어보았다.
효진이는 브래지어 치수를 물어보는 것이 불쾌했지만, '그래~ 이게 일본 문화니깐.' 하고 이해하며 대답했다.
"나나쥬고(75)."
그랬더니 사장이 무척 놀라면서 계속 되물었다.
알고 보니, 형제(브라더)가 몇이냐고 물어본 거였다.

샴푸 이름이 유죄?

엄마가 이모한테 "형부 요즘 비듬 생겼으니까, 집에 올 때 약국에서 니조랄 좀 사다 줘."라고 부탁했다.
약국에 간 이모는 '니조랄'이 생각나지 않아서 곰곰 생각하다가 이렇게 말했다.
"약사님, 니부랄 주세요."

구레나룻

두발 검사에서 걸린 남학생이 머리를 자르러 이발소에 갔다. 구레나룻만큼은 살려 두고 싶어서 구레나룻만 빼고 잘라야지 했는데, 순간 '구레나룻'이라는 단어가 생각나질 않았다.
"사타구니만 빼고 잘라 주세요."

집안의 가장은 누구?

재용이가 결혼 초부터 계속 아내에게 꽉 쥐어 사는 것을 보고 민수가 말했다.
"난 자네를 보면 아주 답답해 죽겠네."
"왜 또 그러나?"
"생각해 보게. 솔직히 자네 집에서 가장이 누군가?"
그러자 재용이가 망설임 없이 대답했다.
"글쎄……. 전에는 아내가 가장이었는데, 딸애들이 자라고 나서는 위원회 방식으로 운영되고 있다네."

현명한 남자

홍철이는 아내의 바람기가 얼마나 심한지 잠시도 마음을 놓을 수가 없었다. 그러다 보니 회사에 출근해서도 부인을 감시하는 것이 일이 되다시피 했다.

어느 날, 그날도 다른 날과 다름없이 부인을 감시하던 중에 집으로 전화를 했다. 하지만 부인이 전화를 받지 않는 것이었다.

득달같이 집으로 달려간 홍철이는 숨을 헐떡이며 침실 문을 열어젖혔다. 순간 생생한 현장을 목격하고 말았다.

격분한 홍철이를 보고 놀란 부인이 변명하듯 말했다.

"어머! 저는 지금 몸이 안 좋아서 진찰받는 중이에요. 이분은 의사이시고요."

의사라는 그 남자도 태연하게 말했다.

"아, 저는 지금 부인의 진찰을 위해 체온을 재는 중입니다."

그러자 홍철이가 소리쳤다.

"야! 그 체온게 꺼내 봐! 눈금 없으면 넌 죽~어!"

인공수정

정상적으로는 아이를 가질 수 없는 줄리가 인공수정을 받기 위해 병원을 찾았다.

줄리는 수술복으로 갈아입고 수술대 위에 누웠다.

한참을 그러고 있는데 의사가 혼자 들어오더니 갑자기 바지를 벗기 시작하는 것이었다.

줄리가 깜짝 놀라 소리쳤다.

"아니, 선생님. 지금 무슨 짓입니까?"

그러자 의사가 조용히 말했다.

"미안합니다. 채취해 놓은 정자가 그만 다 떨어져서 직접 시술을……."

어느 피자 회사의 광고

잘나가는 피자 회사 '피자헛'과 경쟁 중인 피자 회사가 TV 광고를 했다. 그 광고 내용인즉…….

'제대로 된 피자를 아직도 먹지 못하셨다고요? 그렇다면 지금까지 피자 헛 드셨습니다!'

콩쥐와 소

콩쥐가 호미로 밭을 매고 있었다. 그러다가 호미를 부러뜨리고 말았다.

"흑흑……. 오늘까지 다 해 놓지 않으면 어머니가 집에서 쫓아낼 거라고 했어. 흑흑…… 이를 어쩌지…….."

그 모습을 본 소 한 마리가 말했다.

"콩쥐야, 너무 걱정하지 마. 내가 있잖아. 내가 도와줄 테니까, 넌 저 옆에서 낮잠이나 한숨 자거라."

콩쥐는 소에게 고마워하며, 기쁜 마음으로 나무 그늘에서 낮잠을 잤다.

해가 질 무렵 콩쥐가 깨어났다. '소가 밭일을 다 해 놓았겠지.' 하고 생각하며 밭 쪽을 바라보았다.

그런데 소는 그때까지 땀을 뻘뻘 흘리며 호미를 고치고 있었다.

"찰스! 그러면 안 돼!"

가볍지만 필요한 몇 가지 조언

배고플 때 쇼핑하지 말 것.
밥 먹은 다음 수영하지 말 것.
한밤에 쓴 편지 보내지 말 것.
화났을 때 운전하지 말 것.
그리고…… 떠났을 때 잡지 말 것.

역설적인 구절들

좋은 일이 생겨서 웃는다? ☞ 웃으니까 좋은 일이 생긴다.
넉넉해서 나눈다? ☞ 나누면 넉넉해진다.
예뻐서 사랑한다? ☞ 사랑하니까 예뻐 보인다.
친구라서 믿는다? ☞ 믿으니까 친구다.
잘하니까 칭찬한다? ☞ 칭찬하면 잘한다.
충분해서 만족한다? ☞ 만족하니 충분하다.

대화의 1, 2, 3 법칙

다른 사람과 대화할 때는…….
1분 이내로 짧게 말해라.
2분 동안 귀 기울여 들어라.
3번 이상 맞장구쳐라.

못생겼다는 말 대신에……

1. 이목구비가 자유분방하다.
2. 이목구비가 아수라장이다.
3. 곪았다.
4. 되는대로 생겼다.
5. 반죽되었다.
6. 얼굴이 아프다.
7. 얼굴이 다져졌다.
8. 얼굴이 오늘내일한다.
9. 이 세상의 얼굴이 아니다.

아내의 말 속에 숨은 뜻

1. 자기, 나 사랑해? ☞ 나 사고 싶은 게 생겼걸랑.
2. 자기, 날 얼마만큼 사랑해? ☞ 나 오늘 일 저질렀는데…….
3. 쓰레기봉투가 꽉 찼네. ☞ 쓰레기 좀 버리고 와.
4. 오늘 밤은 기분이 안 좋아요. ☞ 그날이야.
5. 무슨 소리가 들린 것 같아요. ☞ 너 혼자 먼저 자니?
6. 개가 짖는 것 같아요. ☞ 당장 나가서 무슨 일이 있는지 알아 봐요.
7. 액자 여기에다 걸어 주세요. ☞ 아니, 내 말은 여기라구!
8. 나 화 안 났어요. ☞ 당연히 열 받았지, 이 멍청아!
9. 맘대로 해요. ☞ 하기만 해 봐.
10. 커튼을 새로 샀으면 좋겠어요. ☞ 커튼, 카펫, 벽지도…….
11. 차에 먼지가 많던데. ☞ 빨리 나가서 세차 안 해?
12. 부엌이 불편한 것 같아요. ☞ 이사 가자.
13. 우리 얘기 좀 해요. ☞ 내 불만이 뭐냐면…….

흥부와 놀부

흥부가 어느 날 그의 아내와 함께 산길을 가고 있었다.

그런데 그의 아내가 실족해서 그만 연못에 빠지고 말았다.

졸지에 아내를 잃은 흥부가 통곡하고 있는데, 어디선가 산신령이 나타나서 양귀비를 보여 주며 "이 여자가 네 부인이냐?"고 물었다.

정직한 흥부는 "아니옵니다."라고 대답했다.

산신령은 이번에는 왕소군을 보여 주며 "이 여자가 네 부인이냐?"고 물었다.

"아니옵니다."

산신령은 서시를 보여 주며 "이 여자가 네 부인이냐?"고 물었다.

"아니옵니다."

흥부의 정직함에 감동한 산신령은 흥부의 아내를 살려 줌과 동시에, 세 여자를 흥부의 첩이 되게 해 주었다.

이 소문을 들은 놀부가 당장 흥부네로 달려가서 그간 있었던 이야기를 자세히 들었다. 놀부는 예쁘기로 소문난 자기의 아내를 두고도 아름다운 여자들을 취하고 싶은 욕심을 포기하지 못했다.

그래서 자신의 아내를 데리고 산속을 거닐다가 아내를 연못에 밀어 빠뜨렸다. 그리고는 산신령이 빨리 아름다운 여자들을 데리고 나오기를 목 빼고 기다렸다.

한참을 기다린 후에야 산신령이 나타났는데, 그가 바지를 끌어 올리며 흐뭇한 목소리로 말했다.

"고맙구나, 놀부야!"

여자 친구와 여관

어떻게든 여자 친구와 함께 여관에 가겠다고 작심한 서준이는 그날 그녀를 만취하게 하는 데 성공했다.
그녀가 서준이에게 혀 꼬부라진 소리로 말했다.
"춥다, 어디든 들어가자."
서준이는 '바로 그거야!' 하고 속으로 쾌재를 불렀지만, 시치미를 떼며 말했다.
"그래. 그런데 어디로……?"
그러자 그녀가 비틀거리며 어느 여관 안으로 들어가는 것이었다.
서준이는 이게 웬 떡이냐 싶어 희색이 만면해졌다.
그런데…… 그녀가 카운터에 대고 하는 말.
"엄마! 얘 내 친군데, 방 하나 줘서 재워 보내."

"우리 닮았나요?"

환장할 정력 팬티

어느 과학자가 정력 팬티를 발명했다.

그 팬티는 입기만 하면 아랫도리가 불끈불끈 솟아, 천하의 옹녀를 데려와도 상대할 정도로 힘이 넘쳐나게 해 주는 것이었다.

이 과학자는 직접 팔아 큰돈을 벌 욕심으로, 우선 실버타운에 사는 힘 떨어진 노인들을 모아 장사를 했다.

정력 팬티는 눈 깜짝할 사이에 날개 돋힌 듯 다 팔렸고, 미처 사지 못한 노인들은 화를 내고 갈 정도였다.

다음 날, 과학자는 충분한 수량의 정력 팬티를 가지고 다시 실버타운을 방문했다.

그런데 노인들이 우르르 몰려와서 과학자를 흠씬 두들겨 패기 시작하는 것이었다.

잔뜩 화가 난 한 노인이 하는 말!

"아니, 글쎄…… 이것이 팬티를 입고 있으면 힘이 불끈 솟구치다가도, 팬티만 내렸다 하면 대번에 죽어 버리잖여……. 정말 사람 환장할 노릇 아닌감."

팀장님의 오버센스

김 팀장은 너무나 예쁘고 섹시한 신입 여사원을 꼬시려고 날마다 기회(?)를 노리고 있었다.
그러던 어느 날 그 신입사원이 김 팀장에게 다가와 말을 건넸다.
"저기요…… 팀장님, 오늘 저녁에 시간 있으세요?"
김 팀장은 '웬 떡이냐?' 싶어 음흉하게 웃으면서 말했다.
"물…… 물론이지!"
그러자 신입사원이 살짝 수줍게 웃더니 김 팀장의 귀에다 대고 속삭였다.
"그럼 오늘 밤 9시에 ○○호텔 1207호실로 오세요!"
김 팀장은 재빨리 나가서 사우나를 하고, 머리까지 다시 다듬고서 약속 시간에 맞춰 호텔 1207호실로 갔다.
방으로 들어가니 불이 꺼져 있어 온통 컴컴했는데, 반대쪽에서 여사원의 애교 있는 목소리가 들려왔다.
"팀장님, 준비되셨어요?"
김 팀장은 이 말을 듣자마자 허겁지겁 옷을 벗으며 말했다.
"어. 어! 준비 완료!"
그러자 갑자기 방 안의 불이 켜지더니, 같은 팀의 모든 팀원들이 일제히 외치는 것이었다.
"생일 축하합니다! 팀장님~!"

끼리끼리

바람둥이 봉숙이가 드디어 결혼했다.
신혼여행에서 뜨거운 첫날밤을 보낸 다음 봉숙이가 신랑에게 물었다.
"자기, 나 말고 다른 여자 있었지?"
역시 바람둥이였던 신랑은 깜짝 놀랐지만, 시치미를 떼었다.
"아니, 나는 당신이 첫 여자야."
그러자 봉숙이가 잔뜩 화난 얼굴로 다시 물었다.
"거짓말하지 마. 어떻게 여자가 없었는데 이렇게 능숙할 수가 있어?"
봉숙이의 말에 기가 막힌 신랑은 기어들어 가는 소리로 물었다.
"그럼 당신은…… 내가 능숙한 줄 어떻게 알았지?"

엄마한테 딱 걸린 꼬마 수달.

경험 있으세요?

경험 있으세요?
만약 없다면 내일 당장 해 보세요.

1. 이것은 통상 남자와 여자가 하지만, 가끔 남자와 남자, 여자와 여자가 하는 경우도 있답니다.
2. 이것은 보통 침대 위에서 하지만, 어떤 때는 장소를 가리지 않아요.
3. 처음 할 때는 두렵고 몹시 망설여지지만, 일단 한 번 하고 나면 개운하고, 또 하고 싶다는 의욕이 생긴다니까요.
4. 보편적으로 남자들이 많이 하려고 하고, 여자들은 잘 안 하려고 한답니다. (정말?!)
5. 거리를 가다 보면 이것을 하라고 부르는 여자도 있어요.
6. 보통 20대에 많이 경험하지만, 10대라고 못 할 것도 없지요.
7. 이것을 하다 보면 출혈의 우려가 있어요.
정답은? …… 바로 헌혈!

헌혈은 '사랑의 실천'입니다.
지금 당장이라도 경험해 보세요~.

라면

용석이가 어느 날 분식점에서 라면 한 그릇을 시켰다.

잠시 후 아주머니가 라면을 갖다주는데, 아주머니 엄지손가락이 라면 국물 속에 담겨 있는 것이 아닌가.

용석이가 화난 목소리로 말했다.

"아주머니, 뭐예요……?"

그러자 아주머니가 하는 말.

"괜찮아. 나 안 뜨거워……."

이상한 스승

스승이 제자들을 불러 모았다.
첫 번째 제자에게 썩은 생선을 건네며 물었다.
"무슨 냄새가 나느냐?"
"썩은 냄새가 납니다."
"그것은 네 마음이 썩었기 때문이니라."
두 번째 제자에게 물었다.
"저 밤하늘이 무슨 색깔인고?"
"네, 검은색입니다."
"그건 네 마음이 검은 탓이로다."
세 번째 제자에게는 마늘장아찌 간장 맛을 보여 주며 물었다.
"무슨 맛이 느껴지느냐?"
"짠맛입니다."
"그래? 그건 네가 짠돌이라서 그렇다."
이어 그 옆에 앉은 제자에게 간장 맛을 보라고 했다.
머리를 굴린 제자가 점잖게 대답했다.
"참으로 단맛이 느껴집니다."
"그래? 원샷!"

끈질기게 게으른 아들

　어느 날 오후, 방 안에 늘어져 있던 동규는 시원한 물이 마시고 싶어졌다.
　그러나 동규는 꼼짝하기가 싫어서, 거실에서 텔레비전을 보고 계시는 아빠에게 큰 소리로 말했다.
　"아빠, 물 좀 갖다주세요!"
　아빠가 대답했다.
　"냉장고에 있으니까 네가 갖다 마시렴."
　동규는 5분 후에 또다시 큰 소리로 말했다.
　"아빠, 물 좀 갖다주세요!"
　그러자 아빠가 짜증 섞인 투로 말했다.
　"네가 가져다가 마시라니까!"
　그러나 동규는 이에 굴하지 않고 5분 후에 또다시 말했다.
　"아빠, 물 좀 갖다주세요!"
　이제는 화가 난 아빠가 소리쳤다.
　"갖다 마셔! 한 번만 더 부르면 혼내 주러 간다!"
　그러나 동규는 지칠 줄 모르고 5분 후에 다시 말했다.
　"아빠! 저 혼내러 오실 때 물 좀 갖다주세요!"

지구본 수업

선생님이 지구본을 들고 학생들에게 물었다.
"누가 아메리카 대륙을 찾을 수 있니?"
그러자 종민이가 가장 먼저 손을 들었다.
선생님이 종민이를 지명하자 "여기요!" 하고 정확히 아메리카 대륙을 가리켰다.
"참 잘했어요. 들어가 앉아요."
선생님이 다시 물었다.
"자! 그럼 여러분. 아메리카 대륙을 발견한 사람은 누구죠?"
그러자 학생들이 다 같이 대답했다.
"종민이요!"

Beautiful의 다른 버전

'아름다운'은 'Beautiful'입니다.
그럼 'Beau iful'은?
☞ '티(t) 없이 아름다운'입니다.
그렇다면 'Ba tiful'은?
☞ '이유(eu) 없이 아름다운'입니다.

홧김에……

거래처를 방문했던 부장과 대리가 업무를 마치고 헤어질 때, 부장이 중요한 서류를 대리에게 건네주며 말했다.
"내일 출근할 때 가지고 나오게. 가다가 술 한잔한답시고 잃어버리면 안 되네. 알겠나?"
술을 좋아했던 대리는 부장의 말을 무시하고 술을 퍼마셨다. 그리고 술에 만취하여 서류를 분실하고 말았다.
다음 날 부장이 불같이 화를 내며 소리쳤다.
"그렇게 주의를 줬는데도 잃어버리다니!"
그러자 대리가 기어들어 가는 소리로 말했다.
"사실 저는 서류를 잃어버리기 전에는 술을 마시지 않았습니다. 중요한 서류를 잃어버렸기 때문에 홧김에 퍼마신 거지요."

왜 하필이면 입에다…….

죽고 싶을 때는 이렇게……

1. 당장 죽고 싶다는 생각이 들면 하루 동안 아무것도 먹지 말아 보세요.
☞ 배고파 죽습니다.

2. 아직 죽지 않았다면 앞선 하루 동안 못 먹었던 음식을 쌓아 놓고 다 먹어 보세요.
☞ 배 터져 죽습니다.

3. 이것도 안 되면 하루 동안 아무 일도 하지 말아 보세요.
☞ 심심해 죽습니다.

4. 그래도 안 죽으면 자신을 힘들게 하는 일에 맞서서 두 배로 일해 보세요.
☞ 힘들어 죽습니다.

5. 그런데도 혹시나 안 죽으면 500원만 투자해서 즉석 복권을 사세요. 그리곤 긁지 말고 바라만 보세요.
☞ 궁금해 죽습니다.

6. 잠시 후 죽을랑 말랑할 때 긁어 보세요. 반드시 꽝일 것입니다.
☞ 그러면 열 받아 죽습니다.

7. 그런데도 죽고 싶다면 홀딱 벗고 거리로 뛰쳐나가 보세요. 사람들이 많이 다니는 길일수록 좋습니다.
☞ 쪽팔려 죽습니다.

이상의 방법으로도 죽지 못했다면, 아직은 이 세상에서 할 일이 남아 있다는 뜻일 겁니다.

"올해 수확이 풍만(?)해요."

여자와 남자의 차이

여자가 남자를 때리면? ☞ 용감하다.
남자가 여자를 때리면? ☞ 짐승 새끼

여자가 남자한테 기습 키스하면? ☞ 로맨스
남자가 여자한테 기습 키스하면? ☞ 변태 새끼

여자가 남자 화장실에 들어가면? ☞ 실수
남자가 여자 화장실에 들어가면? ☞ 변태

여자가 힘든 일을 하면? ☞ "여잔데 좀 도와주세요."
남자가 힘든 일을 하면? ☞ "남잔데 힘 좀 써 봐."

여자가 남자를 쳐다보면? ☞ 유혹
남자가 여자를 쳐다보면? ☞ 성추행

여자가 더치페이하자고 하면? ☞ 야무진 여자.
남자가 더치페이하자고 하면? ☞ 쫀잔한 놈.

남자가 군대 가면? ☞ 당연한 일.
여자가 군대 가면? ☞ 용감한 일.

여자가 남자 거시기 만졌다고 신고하면?
☞ (경찰 왈) "남자가 뭐 그런 걸 신고합니까?"

남자가 여자 거시기 만졌다고 신고하면?
☞ (경찰 왈) "뭐 이런 씹새가 다 있어? 당장 철창행!"

여자가 울면? ☞ "마음의 상처가 큰가 보다."
남자가 울면? ☞ "남자 새끼가 왜 찔찔 짜?"

여자가 방귀 뀌면? ☞ "어머, 실수!"
남자가 방귀 뀌면? ☞ "매너 없는 놈."

여자가 돈을 못 벌면? ☞ "집안일이 더 힘들어."
남자가 돈을 못 벌면? ☞ "인간아, 나가서 돈 벌어와!"

여자가 밤일을 못하면? ☞ "순진하군."
남자가 밤일을 못하면? ☞ "야, 병원 가 봐!"

여자가 밥을 조금 먹으면? ☞ "다이어트하는군."
남자가 밥을 조금 먹으면? ☞ "그거 처먹고 밤일이나 제대로 하겠냐?"

엉덩이의 종류도 가지가지

(_!_) ☞ 보통 엉덩이
(__!__) ☞ 살찐 엉덩이
(!) ☞ 볼품없는 엉덩이
(=!=) ☞ 곤장 맞은 엉덩이
(_!__) ☞ 짝궁둥이
(_#_) ☞ 치질 수술한 엉덩이
(_@_) ☞ 똥꼬가 매우 큰 엉덩이
(_Y_) ☞ 이쁜 엉덩이
(_y_) ☞ 처진 엉덩이

아파트 이름

명수네는 '호반 리젠시빌'이라는 아파트에 살고 있다.
명수 할머니가 시골에서 올라와, 명수네 집에 가려고 택시를 탔다.
택시 기사가 "어디로 모실까요?"라고 묻자, 할머니가 말했다.
"거 뭐시여…… 그닝께 그게 아파튼디……. 호…반 호반 니미시벌인가, 뭐라고 하던디?"

웃음은 인생의 보약이다

남편이 잘못한 것은?

어떤 부부가 부부싸움을 했는데, 화가 풀리지 않은 남편이 부인을 창문 밖으로 던져 버렸다.

다행히 약간 긁혔을 뿐 큰 상처가 없었다. 하지만 부인은 당장 경찰서로 달려갔다.

"남편이 저를 창밖으로 던져 버렸어요!"

결국 남편은 경찰서로 불려갔고, 경찰관이 물었다.

"당신은 아내를 창밖으로 던졌습니까?"

"네."

너무도 당당한 대답에 격분한 경찰이 말했다.

"아니, 뭐라구요? 그러다가 지나가던 사람이 맞아서 다칠 수도 있다는 생각은 안 해 봤단 말이오?"

질문 · 1

교회 주일학교 선생님이 아이들에게 물었다.

선생님: 예배 시간에는 왜 조용히 해야 하죠?

아이: 다른 사람들이 자고 있으니까요.

질문 · 2

아빠와 어린 아들이 바닷가에서 놀다가, 죽어서 말라 있는 게를 보았다.
아들: 아빠, 이건 왜 이렇게 된 거야?
아빠: 응, 죽어서 하늘나라에 간 거야.
아들: 그럼 하느님이 여기다 도로 갖다 버린 거야?

질문 · 3

면접관: 자네는 살면서 가장 후회되는 일이 무엇인가?
응시자: 여자관계입니다.
면접관: 무슨 일이 있었는가?
응시자: 아무 일도 없었습니다.

응시자도 울고, 면접관도 울었다.

요상한 주문 방법

민철이가 사업차 러시아를 방문했다.
배가 몹시 고파서 어느 식당에 들어갔는데, 러시아 말을 할 줄 몰라서 주문할 수가 없었다.
주위를 살펴보니, 한 미국인 남자가 주방 앞으로 성큼성큼 다가가더니 자신의 바지 지퍼를 내려 보이는 것이 아닌가. 그리고 잠시 후, 그 미국인 앞에 소시지 한 개와 달걀 두 개가 나왔다.
그 모습을 보고 있던 민철이도 주방 앞으로 다가가서 바지 지퍼를 내리고 보여 준 다음 자리에 앉아서 식사가 나오길 기다렸다.
잠시 후, 민철이 앞에는 번데기 하나와 메추리알 두 개가 놓여 있었다.

결혼 못 하는 이유

교제한 지 2년이 넘은 한 커플이 있었다.
여자는 남자가 프러포즈하지 않자 초조해진 나머지 먼저 결혼 이야기를 꺼냈다. 그런데 그때마다 남자는 못 들은 척 떨떠름한 표정을 지으며 외면했다.
그러자 그냥 두어서는 안 되겠다고 마음먹은 여자가 따졌다.

"도대체 결혼하자는 말만 나오면 왜 피하는 거예요?"
"집안에서 반대가 너무 심해서 말을 꺼내지도 못해."
"누가 그렇게 반대를 하나요? 아버님이요?"
"아니……."
더욱 답답해진 여자가 흥분해서 대답을 재촉했다.
"그럼 어머님? 형제들? 도대체 누구예요?"
그러자 남자가 기어들어 가는 목소리로 답했다.
"내 마누라가……."

"음~, 이 눈이 언제 녹으려나……."

바람둥이 부부

바람둥이 아빠에게 대학생 딸이 있었다.
하루는 딸이 흥분한 표정으로 뛰어와 아빠에게 말했다.
"아빠! 멋진 소식이 있어요. 오늘 제 애인 재석이가 청혼했어요!"
그러자 아빠가 낮은 목소리로 말했다.
"이건 비밀인데, 아빠가 네 엄마와 결혼하기 전에 재석이 엄마를 사귄 적이 있었다. 그러니까 재석이는 네 오빠야."
마음에 상처를 입은 딸은 한동안 남자 친구를 사귀지 못했다.
얼마 후, 딸은 다시 환한 얼굴로 아빠에게 말했다.
"아빠! 새로 사귄 남자 친구 호동이가 결혼하자고 했어요!"
아빠는 이번에도 고개를 가로저으며 말했다.
"안됐지만, 호동이도 너의 오빠란다."
몹시 화가 난 딸은 엄마에게 달려가 하소연했다.
"아빠는 내가 사귀는 남자마다 모두 이복 오빠래요. 어떻게 이럴 수가 있어요?"
엄마는 딸을 진정시키며 말했다.
"얘야, 그 말에 너무 신경 쓰지 말아라. 그 사람은 너의 아빠가 아니란다."

국회의원이 네 번 놀라는 까닭

국회의원에 당선된 사람은 겉으로는 기뻐하지만, 속으로는 네 번 놀란다.
첫 번째는 자신같이 형편없는 놈이 당선됐다는 사실에 놀란다.
두 번째는 모든 국회의원이 자신같이 형편없다는 사실에 놀란다.
세 번째는 이같이 형편없는 놈들이 국회의원을 하는데도 나라가 돌아간다는 사실에 놀란다.
네 번째는 그래도 다음에 또 국회의원이 된다는 사실에 놀란다.

억울하게 죽은 사람

버스가 높은 다리를 건너다 뒤집혀 많은 사람이 죽었다.
가장 억울하게 죽은 네 사람이 있었다.
1. 결혼식이 내일인 총각.
2. 졸다가 한 정거장 더 가는 바람에 죽은 사람.
3. 버스가 출발했는데도 억지로 달려와 간신히 탔던 사람.
4. 69번 버스를 96번으로 보고 탄 사람.

욕설 관광지

할머니들이 단체로 미국 여행을 다녀왔다.
어떤 사람이 할머니들에게 무얼 보고 왔느냐고 물었다.
철수 할머니: 말하기가 좀 거북스럽네요.
어떤 사람: 어땠는데요? 한번 말씀해 보세요.
철수 할머니: 뒈질 년들[디즈니랜드]이래나 뭐래나……
또 다른 할머니에게 물었다.
영희 할머니: 웅장하고 아주 넓고 대단한 곳을 보았지.
어떤 사람: 그곳이 어딘데요?
영희 할머니: 그년도 개년[그랜드캐니언]이래나 뭐래나……

눈빛들이 끝내주네~.

메이드 인 차이나

한 중국인이 한국에 업무차 와서 택시를 탔다. 그는 중국이 세계 제2의 경제대국이라며 거드름을 피웠다.

그때 마침 차창 밖을 보니 마오타이를 실은 차가 지나가고 있었다. 그러자 중국인이 말했다.

"오, 마오타이! 세계 제일의 술이지. 역시 메이드 인 차이나야."

잠시 후 택시가 경복궁을 지나가게 됐다. 그러자 중국인이 또 말했다.

"에구구, 우리 자금성은 이 경복궁보다 100배는 크지. 역시 메이드 인 차이나야."

기사는 울컥 화가 났지만 참고 지나갔다.

시간이 흘러 택시가 명동을 지나갔다. 그때 수많은 중국 관광객이 명동을 가득 메운 것을 본 중국인이 다시 말했다.

"중국은 사람도 많고 인물도 많지. 역시 메이드 인 차이나야."

얼마 후 목적지에 도착한 택시 기사가 미터기를 누르며 청구된 금액을 중국인에게 보여 주었다.

그런데 청구된 금액을 확인한 중국인이 화들짝 놀랐다.

"아니, 어떻게 이렇게 많이 나올 수 있죠? 그 미터기 못 믿겠어요."

그러자 택시 기사는 야릇한 미소를 지으며 미터기 뒷면을 보여 줬다.

"이거 메이드 인 차이나야."

열 쇠

   술 취한 한 남자가 무릎과 손을 땅바닥에 댄 채 가로등 아래서 열쇠를 찾고 있었다.
   경찰관이 그에게 다가가서 물었다.
"뭘 하십니까?"
   취한 남자가 웅얼거리며 말했다.
"열쇠 찾는 중인데요."
   경찰관이 다시 물었다.
"어디서 떨어뜨리셨는데요?"
   취한 남자가 저쪽 골목 끝을 가리키며 말했다.
"저기요."
   경찰관이 머리를 긁적이며 또 물었다.
"저기서 열쇠를 떨어뜨렸는데, 왜 여기서 찾고 계시죠?"
   그러자 남자가 대답했다.
"여기가 잘 보이니까요."

열쇠와 자물쇠

한 여자 제자가 공자님께 물었다.
"왜 여자가 여러 남자와 사귀면 '걸레'라 말하고, 남자가 여러 여자를 사귀면 '능력 있는 남자'라고 하옵니까?"
그러자 공자님께서 답하시길…….
"자물쇠 하나가 여러 개의 열쇠로 열린다면 그 자물쇠는 쓰레기 취급을 당하고, 열쇠 한 개로 많은 자물쇠를 열 수 있다면 그건 바로 '마스터키'로 인정받는 이치와 같으니라."

안 쓰는 물건

남편이 일 나갔다가 집에 들어오니, 마누라와 거지가 한 몸이 되어 한참 열을 내고 있었다.
화가 난 남편이 소리쳤다.
"야, 이 여편네야! 거지하고 이게 무슨 짓이야?"
그러자 고개 숙인 마누라가 하는 말.
"거지가 안 쓰는 물건 달래서 줬는데……."

형수님!

　일찍 남편을 여의고 혼자 사는 형수가 있었다.
　시동생은 이런 형수를 볼 때마다 밤이면 얼마나 외로울까 걱정이 되었다. 그래서 생각에 생각을 거듭하다 혼자서도 외로운 밤을 보낼 수 있게 특별 제작된 신형 물건(?)을 구입했다.
　시동생은 다음과 같이 당부하며 형수에게 건네주었다.
　"형수님, 이건 하루에 한 번만 쓰세요. 자주 쓰면 고장 나요!"
　형수는 시동생에게 고마워하며 그걸 한 번 사용해 봤는데 기가 막히게 좋았다. 너무 좋은 나머지 시동생의 당부를 무시하고 수시로 사용했다. 그러다 보니 얼마 안 가서 고장이 나고 말았다.
　형수는 그 물건을 고치고 싶었지만, 차마 시동생에게 말을 하지 못하고 끙끙댔다. 생각다 못해 시동생에게 편지를 써야겠다고 마음먹었다.
　종이와 연필을 준비했지만 아무리 생각해도 할 말이 없어서 고민을 거듭하다가, 결국 다음과 같이 적고 말았다.
　'도련님! 형님이 또 죽었어요……!'

서(?)

비행기 안에서 한 경상도 부부가 다정하게 대화를 나누더니, 손을 들어 스튜어디스를 불렀다.

"뭘 도와드릴까요?"

"저, 한약 좀 따르게 컵 좀……."

스튜어디스는 서둘러 컵을 가져다주고는 더 도와줄 일이 없을까 하고 곁에 서서 지켜봤다.

아내가 한약을 따라 남편에게 주면서 말했다.

"자기야, 서?"

"아니, 안 서……."

"자기야 얼른 더 마셔 봐. 서?"

"응…… 조금 서."

"어때?"

"응! 많이 서!"

얼굴까지 시뻘겋게 변한 남편이 선(?)다고 했다.

스튜어디스는 너무도 민망한 나머지 서둘러서 자리를 피하려 했다.

그러자 그 아내가 스튜어디스의 손을 덥석 잡으면서 말했다.

"저~ 남편이 서서(써서) 그런데 사탕 좀……."

뉴그랜저

서로 아주 막 가는 콩가루 부부가 있었다.
어느 날 차를 타고 가다, 아내가 옆을 보니 남편의 남대문이 열려 있는 것이었다. 아내는 그걸 봐 놓고도 가만히 있을 수가 없어서 남편에게 말했다.
"여보, 차고 문이 열렸어요."
"어휴~ 그랜저 튀어나올 뻔했네."
남편의 능청스러운 말이 가소롭게 느껴져 아내가 말했다.
"흥! 그랜저면 뭐 해. 터널만 들어가면 시동이 꺼지는데……."
그러자 남편이 씩 웃으며 대답했다.
(뭐라 그랬게? 세상에나~!)
"1호 터널에서나 그렇지, 2호 터널에서는 쌩쌩 잘 달려."
그런데 그 말을 들은 아내는 이상하게도 화를 내지 않고 생글생글 미소를 짓는 것이었다.
자연스레 아내의 손톱 테러를 예상하며 긴장했던 남편은 뜻밖의 행동을 하는 아내에게 의외라는 듯이 말했다.
"화 안 내?"
그러자 아내가 하는 말!
"호호……. 당신이 그럴 줄 알고 뉴그랜저 한 대 뽑았지."

짬뽕 곱빼기 둘

 일요일에 잠에서 깨어나 보니 벌써 오후 두 시다.
 친구는 옆에서 신나게 자고 있다.
 어젯밤 술 먹고 죽었었다. 물론 내 친구도 죽었었다.
 어렵게 정신을 차린 우리는 허전한 배 속을 채울 궁리를 하기 시작했다.
 결론은 짬뽕 국물이었다.
 한참 전화번호를 찾다가 젓가락에 씌어 있는 '○○원'이라는 중국집 전화번호를 찾을 수 있었다.
 "거기 오늘 영업하나요?"
 "네, 어디신데요?"
 "네, 여기 ▽▽동 △△빌라 ○동 ○○호인데요. 짬뽕 곱빼기 둘 갖다주세요. 얼큰하게······. 참, 단무지에 식초 뿌려서요."
 찰칵! 그리고 전화를 끊은 다음, 쓰린 속을 부여잡고 기다렸다.
 한 시간이 지났다.
 그래도 오지 않아, 난 다시 전화했다.
 "아저씨, 여기 ▽▽동 △△빌라 ○동 ○○호인데요. 왜 아직 안 와요? 네······?"
 아저씨가 한 대답은······?
 "여기 젓가락 공장인데요······."

스포츠카와 닭

한 남자가 새로 산 스포츠카를 타고 길을 달리고 있는데, 놀랍게도 닭 한 마리가 엄청난 속도로 차를 추월하여 달리는 것이었다.

남자도 속도를 높여 달렸는데, 닭은 이 차를 따돌리고 사라져 버렸다.

남자는 동네를 수소문해 이 닭의 주인을 찾아 말했다.

"그 닭을 백만 원에 파시오."

주인이 고개를 절레절레 흔들었다.

"그럼 천만 원에 파시오."

주인이 막무가내로 고개를 흔들자, 남자는 열을 받고 말았다.

"에잇, 그까짓 닭 한 마리 가지고! 좋아, 삼천만 원에 내 차까지 줄 테니 파시오!"

그래도 주인이 고개만 가로젓자, 화가 난 남자가 소리쳤다.

"도대체 안 파는 이유가 뭐요?"

그러자 주인이 말했다.

"잡혀야 팔지요."

어느 초등학교 스승의 날

어느 초등학교에서 스승의 날에 있었던 일이다.

엄마가 꽃가게를 하는 아이는 선생님에게 꽃을 선물했고, 아버지가 옷 가게를 하는 아이는 와이셔츠를 선물로 가져왔다.

집에서 주류업을 하는 아이는 상자 하나를 가져왔는데, 상자에서 물이 한 방울씩 떨어졌다.

선생님이 손으로 찍어서 맛을 보며 물었다.

선생: 이거 포도주니?

아이: 아닌데요.

선생님이 이번에는 아예 손바닥을 펴서 받아먹어 보며 물었다.

선생: 음…… 그러면 샴페인이구나!

아이: 아닌데요.

선생: 그럼 대체 뭐니?

아이: 강아진데요.

샐러드…… 샐러드!

한 선비가 산길에서 길을 잃고 헤매다 보니 밤이 깊어졌다.
칠흑 같은 어둠 속에서 전전긍긍하던 선비는 저 멀리서 반짝이고 있는 작은 불빛 하나를 발견했다.
'옳지, 저쪽에 민가가 있는 모양이구나…….'
숨을 헐떡이며 그 집에 당도한 선비는 짐짓 기품 있는 목소리로 외쳤다.
"이리 오너라, 이리 오너라……!"
집 안에서 할머니 한 분이 나왔다.
선비가 하룻밤 쉬어 가게 해달라고 청하자, 할머니가 말했다.
"선비님, 저희 집은 딸년과 저 단둘이 사는 집이라 청을 못 들어……."
할머니가 거절했지만, 선비는 잘 데가 없었으므로 통사정했다.
할머니도 맘이 약한지라 이런 선비를 그냥 돌려보내지 못하고 이렇게 말했다.
"그럼 딱 하룻밤만 주무시고 가시구려."
이리하여 할머니와 딸, 선비는 한방에서 자게 되었다.
그런데 할머니가 자다 말고 갑자기 화장실에 갈 상황이 되었다.
'딸과 선비만 두면 위험할 텐데…….'
딸이 걱정된 할머니가 꾀를 내어 딸에게 조용히 말했다.
"얘야! 선비가 만약 너의 입술을 훔치면 '앵두, 앵두'라고 하고, 가슴을 더듬으면 '사과, 사과'라고 하고, 더 밑을 만지면 '수박,

수박'이라고 하려무나."

화장실로 달려갔던 할머니가 볼일을 다 보고서 방 앞에 왔더니 방에서 딸의 목소리가 새어 나왔다.

"샐러드, 샐러드…… 샐러드……!"

과시욕

약혼반지를 받은 유진이는 기회만 있으면 사람들에게 그 반지를 자랑하려고 손가락을 쳐들곤 했다.

한번은 여고 동창들과 어울렸는데, 다들 재미있게 이야기를 나누느라 아무도 그 반지를 눈여겨 봐주지 않는 것이었다.

유진이는 참다못해 벌떡 일어서더니 이렇게 말했다.

"더워서 못 견디겠네. 나 반지를 빼야 할까 봐!"

아이스크림 도둑.

너도 떨어져 봐!

연인 사이인 정석이와 지선이는 오래간만에 영화를 보러 가기로 했다.

그런데 차가 막혀 극장에 늦게 도착하는 바람에, 둘은 컴컴한 극장 안에서 자리를 찾지 못한 채 뒤쪽에서 서성거렸다.

그때 극장 안에서는 여자의 이상야릇한 신음 소리가 들리고, 스크린 가득히 여성의 나체가 펼쳐지고 있었다…….

잠시 후 안내원이 플래시 불빛을 비추고 안내해 줘, 이윽고 자신들의 자리에 가서 앉았다.

그런데 옆을 보니 한 남자가 의자에 대자로 누워 자기 몸을 더듬으면서 신음 소리를 내고 있는 것이 아닌가!

정석이는 같은 남자지만 황당해서 얼굴이 벌게졌고, 지선이는 신경 쓰지 말고 영화나 보자고 말했다.

아무리 영화에 집중하려고 해도 그 남자 때문에 신경이 쓰인 정석이가 참다못해, 여러 사람이 모인 공공장소에서 이게 무슨 짓이냐며 그 남자를 향해 크게 소리를 질러댔다.

그러자 그 남자 하는 말.

"너도 이층에서 떨어져 봐…….”

참새와 오토바이

참새 한 마리가 달려오던 오토바이와 부딪혀 그만 기절하고 말았다.

마침 우연히 길을 지나가다 그 모습을 본 행인이 참새를 집으로 데려가서 치료하고 모이를 준 다음 새장 안에 넣어 두었다.

한참 뒤에 정신이 든 참새는 이렇게 생각했다.

'아, 이런 젠장! 내가 오토바이 운전사를 치어서 죽인 모양이군. 그러니까 이렇게 철창 안에 갇힌 거지!'

민망한 멍멍이.

용서할 수 없는 친구

하루는 목수, 전기공, 의사인 친구들이 모여서 결혼을 앞둔 준호를 골려 줄 방법을 모의하고 있었다.

먼저 목수인 친구가 말했다.

"난 침대 다리를 반쯤 잘라 놓을 거야. 한참 힘쓰는 중간에 주저앉도록! 하하하……."

그 말을 듣고, 전기공인 친구가 말했다.

"난 침대에 전깃줄을 연결해 놓을 거야. 땀 흘리면 그 즉시 감전이 되겠지!"

이번엔 의사인 친구가 얼굴 가득 웃음을 머금은 채 말했다.

"킥킥킥! 내 주머니엔 아주 기가 막힌 게 들어 있지……."

얼마 후 준호는 결혼을 했고, 결혼한 다음 날 그 세 친구에게는 각각 한 통씩의 편지가 배달되었다.

"거두절미하고, 침대 주저앉은 것은 애교로 봐줄 수 있어. 그리고 전기에 감전된 것도 참아 줄 수 있지. 하지만 콘돔에 마취약 발라 놓은 놈이 누군지 걸리기만 하면 가만 안 두겠어!"

확실한 치한 퇴치

　어느 여학교에서 성교육 시간에 '치한 퇴치법'에 관한 강의가 있었다.
　모든 설명을 마친 선생님이 맨 뒤에서 자고 있는 경선이에게 질문을 던졌다.
　"학생, 치한이 접근하면 어떻게 해야 하죠?"
　"네, 일단 치마를 살짝 들어 올립니다."
　선생님은 경선이의 대답에 황당해하며 다시 질문을 던졌다.
　"그다음엔?"
　"그러면 그 치한이 다가오겠죠? 그럼 전 치마를 더 올립니다."
　선생님은 얼굴이 빨개져서 물었다.
　"그리곤?"
　"그리고 재빨리 그놈에게 무릎을 꿇고는, 바지를 무릎까지만 벗어 달라고 부탁합니다."
　선생님은 머리끝까지 화가 났지만, 꾹 참고 다시 물었다.
　"그리고는 어떻게 하지?"
　"뛰어야죠! 바지를 벗은 그놈하고 치마를 올린 저하고 누가 더 빨리 달릴 것 같으세요?"

신혼부부 이야기

1. 비행기 안에서

서울 신부: 자기~, 나 자기 팔베개하고 자도 돼?

서울 신랑: 응? 응, 그래.

경상도 신부: (샘을 내며) 보이소! 저 팔베개해도 됩니꺼?

경상도 신랑: 와, 니 졸리나? 마, 디비 자뿐 될끼 아이가?

2. 제주도 해변에서

서울 신부: (신랑을 툭 치고는 애교 있는 몸짓으로 뛰어가며) 자기야! 나 잡아봐라~.

서울 신랑: (뒤따라가며) 자기~, 사랑해!

이걸 보고 샘이 난 경상도 신부, 신랑을 툭 친다는 게 너무 세게 치고 말았다.

경상도 신부: (아차 하고 뛰면서) 보이소~, 나 잡아 보이소~!

경상도 신랑: (잔뜩 화가 나 씩씩대며) 니, 내 손에 잡히면 쥑이 뿐다!

3. 별을 세며

서울 신부: 자기야! 저 별이 더 예뻐, 내 눈이 더 예뻐?

서울 신랑: (살포시 포옹하며) 그야 자기 눈이 더 예쁘지.

경상도 신부: (샘이 나서) 보이소! 저 별이 더 예쁩니꺼, 내 눈이 더 예쁩니꺼?

경상도 신랑: 별이 니한테 머라 카드나?

4. 둥근 달을 보며

서울 신부: 자기! 저 달이 더 예뽀, 내가 더 예뽀?

서울 신랑: (볼에 살며시 입 맞추며) 자기가 훨씬 더 예쁘지.

있는 대로 열 받은 경상도 신부, 씩씩거리며 신랑 앞에 탁 버티고 섰다.

경상도 신부: 보이소! 내가 이쁜교, 저 달이 이쁜교?

경상도 신랑: 야! 대가리 치워라, 마! 달 안 보인다, 아이가!

"흐음, 심장은 뛰는데……?"

그럼 12개는 뭐예요?

민수가 콘돔을 사러 약국에 갔다. 그런데 이 약국에서는 5개, 9개, 12개씩 묶인 세트를 팔고 있었다.

민수가 약사에게 왜 그렇게 묶어서 파느냐고 물었다.

그러자 약사가 대답했다.

"5개짜리는 30대 후반의 남자들이 사 가는 거예요. 월화수목금은 하고, 그리고 토요일과 일요일은 쉬는 거지요. 그리고 9개짜리는 신혼부부인 남자들이 사 가는 거예요. 월화수목금은 1개씩, 그리고 토요일하고 일요일은 2개씩 사용하는 거지요."

이 이야기를 들은 민수가 호기심 어린 말투로 물었다.

"그럼 12개는 도대체 누가 사 가나요?"

약사가 대답했다.

"그건 70대 이후의 할아버지께서 사 가지요."

민수는 그 대답을 듣자 더욱 궁금해졌다.

"왜요?"

"1월, 2월, 3월…… 한 달에 한 개씩."

연인들의 변천사

만나는 이유
초기: 안 보면 허전해서.
중기: 생일이나 기념일 선물 받으려고.
말기: 싸우려고.

헤어질 때
초기: 서로의 집까지 왔다 갔다 반복한다.
중기: 가는 것만 보고 자기도 간다.
말기: 자기 집 가는 버스가 늦게 오면 괜히 열 받는다.

결혼에 대하여
초기: 당연히 할 거라 믿는다.
중기: 할까 말까 고민한다.
말기: 한다면, 인간 승리다.

주로 가는 곳
초기: 영화관, 레스토랑, 콘서트장, 로바타야키 등 깨끗하고 비싼 곳.
중기: 오락실, 만화방, 비디오방, 소주방 등 값싸고 오래 개길 수 있는 곳.
말기: 집 앞 놀이터, 길거리 자판기, 다방 등 싸고 가까운 곳.

외모에 대하여
초기: 콩깍지가 씌어 제일 잘생기고 이뻐 보인다.
중기: 길 가다 한눈팔아서 부딪치기도 한다.
말기: 세상이 자신을 속이는 것 같다.

데이트 비용
초기: 없어서 못 쓴다.
중기: 찻값이나 영화비, 둘 중 하나만 낸다.
말기: 있던 돈도 교통카드 충전한다.

바람피울 때
초기: 눈 시퍼렇게 뜨고 죽이니 살리니 한다.
중기: 눈에는 눈! 이에는 이! 맞짱 뜬다.
말기: 적극적으로 권장하며 투자한다.

자주 쓰는 말
초기: 오늘 시간 많아! 사랑해! 네 생각만 했어! 네가 젤이야!
중기: 약속할게! 담에 꼭! 알지? 적당히!
말기: 오늘 바빠! 너무 피곤해! 그만해! 시끄러워!

노래방에서 100점 나왔을 때
초기: 박수 쳐 주며 가수 데뷔하라고 한다.
중기: 점수와 실력은 반대라고 말한다.
말기: 기계 고장 났다며 방 바꿔 달라고 한다.

전화 왔을 때
초기: 두 번도 채 울리기 전에 받는다.
중기: 확인 후 시간 날 때 전화한다.
말기: 배터리를 빼놓는다.

하품할 때
초기: 피곤한가 보구나.
중기: 냉수 먹고 속 좀 차려!
말기: 입 찢어진다, 찢어져!

군대 갈 때
초기: 헤어져야 하는 현실이 너무 슬퍼!
중기: 남들도 다 가는데, 뭐!
말기: 거기 못 박으면 월급 많다던데!

헤어진 다음 날
초기: 거의 정신을 못 차린다.
중기: 미리 준비한 대타를 이용한다.
말기: 선본다.

드라이브
초기: 옆좌석에 앉아 대화를 하며 즐긴다.
중기: 편한 데 앉아서 음악을 듣는다.
말기: 뒷좌석에 앉아서 코 골고 잔다.

생일날
초기: 예쁘게 포장한 선물을 주며 '널 위해 준비했어!'
중기: 선물도 없이 영혼 없는 말로 '축하해! 참석하는 데 의의가 있는 거야!'
말기: 선물은커녕 밥까지 굶고 와서 '알지? 생일인 사람이 쏘는 거?'

애정 표현
초기: 손 잡는 건 물론 뽀뽀에서 키스까지.
중기: 다치지 않을 정도로 약간의 터치.
말기: 코 후벼서 튕기기 등.

걸어갈 때
초기: 팔짱이나 손을 잡고 절대 떨어지지 않는다.
중기: 가까이 붙어서 간다.
말기: 따라오겠지 하고 십 미터 이상의 거리를 유지한다.

먹을 때
초기: 천천히 먹어라, 체할라!
중기: 적당히 먹어라, 살찔라!
말기: 그만 좀 먹어라, 뒈질라!

등급별로 본 사람

남 자
1등급: 능력도 있다.
2등급: 인물은 있다.
3등급: 돈은 있다.
4등급: 성질만 있다.

여 자
1등급: 마음도 곱다.
2등급: 얼굴은 이쁘다.
3등급: 요리는 잘한다.
4등급: 바람만 들었다.

백 수
1등급: 명함도 있다.
2등급: 할 일도 많다.
3등급: 약속이 있다.
4등급: 시간만 많다.

학 생
1등급: 친구들과 선생님이 모두 좋아한다.
2등급: 친구들은 좋아한다.

3등급: 매점 아줌마가 좋아한다.
4등급: 오락실, PC방 주인만 반긴다.

대통령
1등급: 국민들이 좋아한다.
2등급: 야당에서 좋아한다.
3등급: 여당에서 좋아한다.
4등급: 적국에서 좋아한다.

가 수
1등급: 작·편곡도 잘한다.
2등급: 라이브를 잘한다.
3등급: 표절은 안 한다.
4등급: 염색만 잘한다.

자 식
1등급: 공부도 잘한다.
2등급: 말은 잘 듣는다.
3등급: 몸은 건강하다.
4등급: 자기 아버지를 닮았다.

영화배우의 수상 소감

2020년 골든 글로브상 때, 해리슨 포드의 수상 소감.
(생방송이라서 수상 소감 시간제한이 있었다.)
『저는 시간상 수상 소감을 두 가지 준비했습니다.
짧은 소감으로 하겠습니다.
"감사합니다."
(관중들 웃음.)
아, 시간이 조금 남네요, 긴 소감으로 하겠습니다.
"대단히 감사합니다."』

피차일반

병원에서 환자가 떨고 있었다.
"선생님, 제가 처음 받는 수술이라 무서워요."
그런데 의사가 더 떨고 있지 않은가.
"저도 처음이라 무서워요."

코끼리의 기습 뽀뽀.

"이히힝~."

야옹이식 하트.

아보카도 열매로 재탄생한 똥배.

플로리다주에 있는 닭교회(chicken church).

"카하하~."

한석봉과 어머니

▶ 1탄. 칼질이 서툰 어머니
한석봉: 어머니, 제가 돌아왔습니다.
어머니: 아니, 벌써 돌아오다니! 그렇다면 네 실력이 얼마나 되는지 보자꾸나. 불을 끄고 너는 글을 쓰도록 하거라. 나는 그 어렵다던 구구단을 외우마.
한석봉: '-_-;;;'

▶ 2탄. 피곤한 어머니
한석봉: 어머니, 제가 돌아왔습니다.
어머니: 자, 그렇다면 어서 불을 꺼 보거라.
한석봉: 글을 써 볼까요?
어머니: 글은 무슨……. 잠이나 자자꾸나!

▶ 3탄. 무관심한 어머니
한석봉: 어머니, 제가 돌아왔습니다.
어머니: 언제 나갔었냐?

▶ 4탄. 배고픈 어머니
한석봉: 어머니, 제가 돌아왔습니다.
어머니: 자, 그렇다면 난 떡을 썰 테니 넌 물을 올려라.

▶ 5탄. 겁 많은 어머니

한석봉: 어머니, 제가 돌아왔습니다.
어머니: 자, 그렇다면 난 떡을 썰 테니 넌 글을 써 보도록 하거라.
한석봉: 어머니, 불을 꺼야 하지 않을까요?
어머니: 손 베면 네가 책임질래?

▶ 6탄. 뭔가 크게 착각하고 있는 어머니

한석봉: 어머니, 제가 돌아왔습니다.
어머니: 그렇다면 시험을 해 보자꾸나! 불을 끄고 넌 떡을 썰어라. 난 글을 쓸 테니.
한석봉: 어머니, 바뀌었사옵니다.

▶ 7탄. 바람둥이 어머니

한석봉: 어머니, 제가 돌아왔습니다.
어머니: 석봉아! 미안하다. 사실 너는 한석봉이 아니라 이석봉이란다.

▶ 8탄. 미리 썰어 놓은 떡으로 바꿔치기한 어머니

한석봉: 어머니, 제가 돌아왔습니다.
어머니: 아니, 벌써 돌아오다니! 그렇다면 시험을 해 보자꾸나. 불을 끄거라. 난 떡을 썰 테니, 넌 글을 쓰도록 하여라.
(잠시 후…….)
한석봉: 어머니, 정말 대단하십니다!
어머니: 우핫핫~ 당연하지!

'지'자로 끝나는 말

분위기 좋기로 소문난 음악 감상실이 있었다. 이 음악실에서는 주말이 되면 재미있는 게임을 해서 당첨되는 사람에게 선물을 주기도 했다.

어느 토요일 오후, 40평 남짓 되는 공간에 상품을 노리고 몰려든 연인들로 북새통을 이루었다.

그날은 진행자가 갑자기 수수께끼를 내고 맞추는 사람에게 선물을 주겠다고 했다.

이런저런 문제가 몇 개 오고 가던 중 진행자의 눈빛이 야릇해지더니 이런 질문을 했다.

"우리 몸에 '지'자로 끝나는 부위가 몇 군데인지 아시는 분?"

사람들이 고개를 갸웃거리는 동안 "허벅지!", "장딴지!", "엄지!", "검지!"…… 하는 소리가 여러 사람 입에서 나왔다.

그러자 진행자가 말했다.

"네, 맞습니다. 하지만 그 정돈 누구나 아는 수준이고…… 또 없을까요?"

그의 말끝에 야릇한 장난기가 묻어나는 게, 아마도 우리 몸의 소중한 생식기 부분을 떠올리며 그 말을 하게끔 유도하는 것 같았다.

거기 있는 누구라도 그 단어를 말하고 싶었겠지만, 대부분이 연인들끼리 온 터라 쉬이 그 말을 하지 못하고 있었다.

사람들이 고민에 고민을 거듭하고 있는데, 갑자기 씩씩한(?)

한 여자의 목소리가 들렸다.
"해골바가지!"
순간 물을 뿌린 듯 조용해지는가 싶더니, 잠시 후 음악실이 떠나가라 웃음보가 터졌다.
진행자도 어처구니가 없는 듯 한참을 웃더니 그 여자보고 앞으로 나오라고 했다.
뜻밖에 그녀는 얼굴도 예쁜, 소위 말하는 킹카의 아가씨였다. 어떻게 저런 여자 입에서 해골바가지란 소리가 나왔는지 얼떨떨할 지경이었다.
이어 진행자가 웃음을 참으며 물었다.
"또 없을까요?"
그는 '이제 성(性)을 지칭하는 부분 말고는 없을 거다.'라는 듯이 의기양양하게 물었다.
잠시 후, 곤혹스러운 표정을 짓고 있던 그 아가씨의 얼굴이 활짝 펴지는가 싶더니 이렇게 소리쳤다.
"모가지!"
음악실에 또 한바탕의 웃음이 소용돌이치고 있었다.
진행자도 '참 대단한 아가씨네.' 싶은지 두 손을 드는 듯하더니 말했다.
"마지막으로 한 번만 더 물을게요. 또 없을까요? 이번에도 대답하면 선물을 따블로 드리겠습니다."
그 아가씨가 진지하게 고민하는 모습을 보며, 모든 사람이 이 아가씨도 이젠 도리가 없을 거라고 생각할 때쯤 그녀의 재치(?)가 또 한 번 빛을 발했다.

"배때지!"

진행자는 마구 박수를 쳤다.

"좋습니다~! 마지막으로 하나만 더요! 이젠 남은 상품 다 드립니다."

그 아가씨가 침을 꼴깍 삼킨 다음 내뱉은 말 한마디에 음악실 안에 있던 모든 사람이 다 뒤집어졌다.

"코~딱~지!"

안장까지 장착한 마녀의 빗자루?

귀미테 시리즈

멀미약은? ☞ 귀미테
피임약은? ☞ 요미테
변비약은? ☞ 더미테
무좀약은? ☞ 맨미테

은행에 간 할머니

어느 날 한 할머니가 은행에 왔다.
할머니가 금액란에 적은 것을 보고 은행 직원이 이상하다는 듯이 쳐다보았다.
금액란에는 '다'라고 쓰여 있었다.
그래서 할머니에게 말했다.
"할머니, 이렇게 적으시면 안 돼요."
그러자 할머니는 다시 써서 내밀었다.
직원은 더 황당해하는 표정으로 할머니를 바라보았다.
금액란에는 이렇게 쓰여 있었다.
'반만.'

택시 타기 · 1

준호 할머니가 택시를 탔다.
원하는 목적지에 도착했을 때 요금이 5,800원 나왔다.
그런데 준호 할머니는 1,000원만 주고 내리는 것이었다.
택시 기사가 말했다.
"아니, 할머니! 왜 1,000원만 주시나요?"
그러자 준호 할머니가 대답했다.
"이놈아! 내가 탈 때 4,800원부터 시작했어!"

택시 타기 · 2

어느 날, 준호 할머니가 또 택시를 탔다.
목적지에 도착했더니 6,000원이 나왔다. 그런데 이번에는 준호 할머니가 3,000원만 주고 내리는 것이었다.
택시 기사가 말했다.
"아니, 할머니! 왜 3,000원만 주시나요?"
그러자 준호 할머니가 대답했다.
"이놈아! 네놈은 같이 안 타고 왔냐!"

택시 타기 · 3

또 다른 날, 그날도 준호 할머니는 택시를 잡고 있었다.
그런데 너무 늦은 시각이라 택시 잡기가 하늘에서 별 따기였다. 아무 택시도 준호 할머니 앞에서 서질 않는 것이었다.
그런데 옆에 있는 다른 사람들 앞에는 척척 잘도 서는 것이 아닌가. 열 받은 준호 할머니가 유심히 살펴보니, 그 사람들은 죄다 이렇게 외치고 있었다.
"따~블!"
그래서 준호 할머니는 한참 생각한 후에 이렇게 외쳤다.
"따따따따따따~~~블!"
그러자 달려오는 모든 택시가 즐비하게 줄을 서는 것이었다.
첫 번째 택시를 타고 목적지까지 무사히 왔는데, 이번에는 요금이 6,000원 나왔다.
그런데 준호 할머니가 6,000원만 주고 내리는 것이었다.
택시 기사가 어이없어하며 다급하게 말했다.
"아니, 할머니! 왜 6,000원만 주시나요?"
그러자 준호 할머니가 대답했다.
"이놈아! 늙으면 말도 못 더듬냐?"

세 가지의 귀중한 금

책에서 지혜의 글귀를 읽은 남편이 아내에게 문자를 보냈다.
'이 세상에는 세 가지의 귀중한 금이 있다. 황금! 소금! 지금!'
그러자 아내가 답장을 보내왔다.
'현금! 지금! 입금!'

용기 있는 남자

초등학교 3학년인 진우는 같은 반에 마음속으로만 좋아하는 여자아이가 있었다.
그것을 아는 아빠가 진우에게 말했다.
"진우야, 가서 좋아한다고 고백하렴. 용기 있는 남자만이 미인을 얻을 수 있는 법이란다."
그러자 진우가 말했다.
"그럼 아빠는 과거에 용기가 없었네요."

선 물

백화점에서 혜미가 값비싼 모피코트를 이것저것 입어 보았다.
그러다가 자기 몸에 꼭 맞는 것을 하나 고르더니, 선물할 거니까 포장해 달라고 했다.
점원이 이상해서 물었다.
"사모님! 사모님 몸에 꼭 맞는 걸 고르셨잖아요. 근데 누구에게 선물하시게요?"
그러자 혜미가 대답했다.
"네, 그건 제 남편 생일 선물이에요. 남편이 내 생일에 자기가 좋아하는 그림을 선물했거든요!"

그럼 1위는?

육군 장병들이 PX에서 놀고 있는데 갑자기 대대장이 들어왔다. 졸병들이 모두 자리에서 벌떡 일어나 부동자세를 취하자, 대대장이 흐뭇한 표정으로 장병들을 둘러보며 말했다.

"우리 대한 육군이 여성들이 좋아하는 남성상 2위로 뽑혔다."

그러자 군인들이 마구 소리를 지르며 환호했다.

그때 병장 하나가 대대장에게 물었다.

"그럼 1위는 누굽니까?"

"민간인이다."

더운 여름날

어떤 대학교 강의실에서 실제로 있었던 일이다.

에어컨이 고장 나서 무척 더운 날, 학생들이 땀을 뻘뻘 흘리면서 강의를 듣고 있었다.

그런데 강의가 시작된 지 한 30분쯤 지났을 때 한 학생이 강의실 뒷문을 열고 아무 일 없다는 듯이 들어왔다.

안 그래도 더워서 짜증이 난 교수가 화를 내며 소리쳤다.

교수: 지금 몇 시인데, 이제 오나?

학생: 저기, 차가 막혀서요.

교수: 이봐, 자네 엊저녁에 뭘 했길래 지금 이 시간에 오냐고?

학생: 저 어제 친구들이랑 고스톱 치다가 술 먹고 잤는데요?

교수: 뭐? 자네는 도대체 뭐 하는 인간이야! 응? 뭐 하는 인간이냐고!

그랬더니 그 학생이 하는 말.

학생: 저, 에어컨 고치러 온 사람인데요?

밀 수

줄리가 배낭을 메고 자전거를 타고서 국경을 넘어갔다.

세관원이 줄리에게 신고할 물품이 있느냐고 물었다. 줄리가 없다고 대답하자, 세관원이 줄리에게 배낭 안에 무엇이 있느냐고 물었다. 줄리는 모래가 들어 있다고 대답했다. 의심 많은 세관원이 배낭을 검사했지만 정말로 모래만 들어 있었다.

그 후로 줄리는 매일같이 배낭을 메고 자전거를 탄 채 국경을 자유로이 넘나들었다. 의심 많은 세관원이 며칠이 지난 후 또다시 줄리를 검사했고, 배낭 안에는 역시 모래뿐이었다.

그렇게 또 여러 날이 지난 후, 참지 못한 세관원이 이번에는 배낭 안의 모래를 철저히 분석했다. 하지만 역시 평범한 모래로 밝혀졌다.

궁금해서 미치기 직전까지 간 세관원이 절대로 발설하지 않겠다며, 밀수하고 있는 물건이 도대체 무엇이냐고 물었다.

줄리가 이렇게 대답했다.

"자전거입니다."

분을 삭이는 법

김 사장은 사업이 어려워지자 스트레스가 이만저만 아니었다. 그래서인지 집에만 가면 마누라한테 맨날 신경질을 부렸다.

그래도 조용히 다 받아 주는 마누라에게 고마운 마음 반, 궁금증 반으로 물었다.

남편: 당신은 내가 싸움을 걸어도 한 번도 화를 안 내던데, 당신은 어떻게 분을 삭이지?

부인: 변기를 닦아요.

남편: 변기를 닦는 게 무슨 도움이 되지?

부인: 당신 칫솔로 닦아요.

소 식

좋은 소식: 남편이 진급했다네.
나쁜 소식: 그런데 비서가 엄청 예쁘다네.
환장할 소식: 외국으로 둘이 출장 가야 한다네.

좋은 소식: 아이가 상을 타왔네.
나쁜 소식: 옆집 애도 타왔네.
환장할 소식: 아이들 기 살린다고 전교생한테 다 주었다네.

좋은 소식: 쓰레기를 종량제 봉투에 담지 않고 슬쩍 버렸네.
나쁜 소식: 그 장면이 CCTV에 잡혔네.
환장할 소식: 양심을 버린 사람 편으로 9시 뉴스에 나온다네.

좋은 소식: 결혼한 후 처음으로 남편이 꽃을 가져왔네.
나쁜 소식: 그런데 하얀 국화꽃만 있네.
환장할 소식: 장례식장에 갔다가 아까워서 가져온 거라네.

좋은 소식: 아내가 싼 가격에 성형 수술을 했다네.
나쁜 소식: 수술이 시원찮아 다시 해야 한다네.
환장할 소식: 돌팔이 의사라고 뉴스에 나오고, 잡혀갔다네.

남자가 두려워하는 것

30대: 매달 날아오는 신용카드 청구서! — 이것저것 마구 그어 대다, 월말에 청구서가 날아올 때마다 가슴이 조여 온다.

40대: 아내의 야한 속옷! — 도… 도대체 뭘 하려는 건지…….

50대: 한여름의 곰국! — 한 7박 8일은 먹을 수 있는 곰국 끓여 놓고서, 아내는 해외여행 떠난다!

60대: 이사 가자! — 능력 없다면서 버리고 이사 갈까 봐, 가장 값나가는 보따리 끌어안고 트럭 조수석에 꼭 붙어 앉는다.

70대: 영감, 오늘 같이 등산 가요! — 혹시 그 어두운 산속에 날 버리려고…….

"그걸 다 혼자 먹을 건 아니지?"

실제로 일어났던 사건(?)

지난 주말 '부부동반 모임'을 가려고 콜택시를 불렀습니다. 간단한 행사 후 음주가 따랐기 때문에, 콜택시를 자주 이용하는 편이죠.

집집마다 그렇듯이, 어디 한번 나가려면 여자들 화장과 치장 끝나기 기다리는 거, 고역 중의 고역입니다. 그런데 그날은 웬일로 우리 마누라가 모든 치장을 일찌감치 끝마치고, 오히려 저를 재촉하더군요.

하여튼 콜택시를 기다리려고 밖으로 나가 담배 하나 물고 서 있는데, 마누라 왈~.

"아차! 우리 강아지 밥을 안 주고 왔네. 금방 다녀올게요."

(참고로 강아지는 우리 부부에게 자식과 같은 존재로서, 벌써 십수 년을 같이 살아왔습니다.)

마누라가 들어가자마자 콜택시가 왔습니다.

뒷좌석에 앉아 기다리는데, 이놈의 마누라가 10분이 지나도 나오지 않는 겁니다.

기다리는 택시 기사에게 미안해서, 그냥 거짓말을 좀 했습니다.

"저희가 연로하신 홀어머님을 모시고 사는데, 집사람이 식사 수발드느라고 좀 늦는가 봅니다."

기사 왈~.

"아이고, 괜찮습니다. 그래도 효부시네요. 저희 집은 집사람과 어머님이 사이가 안 좋아서, 이 고부간의 갈등 땜에 제가 미칠 지경입니다. 부럽습니다."

 이윽고 마누라가 나왔는데, 뒷좌석에 타자마자 신경질적인 목소리로 마구 내뱉는 겁니다.

 "내가 못 살아. 그 늙은 것이, 이제 죽을 때가 됐는지, 노망이 나서 온 군데 응가랑 오줌 지려 놓고……. 내가 정말 못 살아. 그래도 낯짝은 있는지 침대 밑에 기어들어 가서 나오질 않는 거야. 그래서 당신의 골프채로 푹푹 찔러서 끄집어냈지 뭐야. 벌로 밥도 안 줬어. 또 응가 쌀까 봐 묶어 놨어. 나, 잘했지?"

견공 체면이…….

불량 마누라

아버지가 임종을 지키기 위해 삥 둘러앉아 있는 자식들에게 지난날을 회고하며 유언을 했다.

그리고 유언이 끝나자 거의 다 죽어가는 목소리로 말했다.

"얘들아, 너희 엄마의 음식 솜씨를 따라갈 사람은 세상에 아무도 없단다. 지금도 너희 엄마가 만드는 부침개 냄새가 나는구나. 죽기 전에 마지막으로 맛을 봐야 편히 눈을 감겠다. 얘, 막내야! 가서 부침개 한쪽만 갖다주겠니?"

잠시 후, 막내가 빈손으로 돌아오자 아버지가 실망하며 물었다.

"어째 빈손이니?"

막내가 난처한 표정을 지으며 말했다.

"내일 문상 오시는 손님들 대접할 것밖에 없어서, 지금 아버지께 드릴 수 없다는데요."

특별 헌금

교회에 벼락이 떨어져 교회 지붕이 전부 타 버리고 말았다.

목사는 하는 수 없이 새로 교회 지붕을 올리기 위해 특별 모금을 하겠다고 하면서, 조금씩만 협조하면 금방 새로운 하느님의 집을 마련할 수 있을 거라고 덧붙였다.

모든 신도가 십시일반으로 특별 헌금을 냈지만, 할아버지 한 분만은 강력하게 거부했다.

목사가 이유를 묻자 할아버지가 화를 내며 말했다.

"저는 자기 집에 불을 지른 사람에게는 단 한 푼의 돈도 줄 수 없습니다."

어떤 대화

젊은 두 여자가 심각한 표정으로 무슨 얘기인지를 주고받고 있었다.

A: 요즘 피임 때문에 너무 신경 쓰여.

B: 너네 남편, 얼마 전에 정관수술했다고 했잖아?

A: 얘는……. 그러니까 그렇지!

지조 있는 아랍인

사막을 여행하던 아랍인이 한 달 이상을 여행하다 보니 여자 생각이 간절했다. 그런데 궁하면 통한다고 그가 타고 다니던 낙타를 보니 암컷이었다. 그래서 낙타 뒤로 가서 일을 시작하려고 하는데 낙타가 뒷발질을 해댔다.

한참 실랑이를 벌이고 있는데, 그때 천사처럼 아름다운 한 여인이 나타나 말했다.

"물 좀 주세요! 그러면 뭐든지 다 들어드리겠습니다."

그러자 그 아랍인이 흔쾌히 물을 주었다. 그 여인은 금방 생기가 나서 고맙다고 절을 하며 물었다.

"무엇을 도와드릴까요?"

그러자 그 아랍인이 말했다.

"제가 저 낙타하고 일을 좀 보려는데 뒷발질을 해대니 할 수가 없군요. 그러니 저 낙타 뒷다리를 좀 잡아 줘요."

꼬마의 궁금증

다섯 살 먹은 지훈이가 할머니에게 물었다.
"할머니가 아빠를 낳았어?"
"그래, 내가 낳았지."
"고모도 낳았어?"
"그래, 고모도 내가 낳았지."
"삼촌도?"
"그래, 삼촌도."
그러자 지훈이가 고개를 갸웃거리면서 물었다.
"할머니, 엄마는 애들만 낳았는데 할머니는 왜 어른만 낳았어?"

돈 버는 100가지 방법

거지: 이래 봬도 제가 <돈 버는 100가지 방법>이란 책을 썼답니다.
행인: 그럼 왜 구걸하고 있는 거요?
거지: 이것도 100가지 방법 중 하나거든요.

아차! 실수

자가용 운전기사가 주인집에 들어갔다. 방에는 아무도 없고, 욕실에서 목욕하는 듯한 물소리만 들렸다.
기사가 소리쳤다.
"어이, 구석구석 깨끗이 닦아~."
순간 욕실 안에서 화가 잔뜩 난 주인의 목소리가 들려왔다.
"아니, 자네 미쳤나? 그게 무슨 말버릇인가?"
그러자 기사가 당황스러워하며 대답했다.
"아이고, 죄송합니다. 전…… 사모님인 줄 알았습니다."

엄마의 일생

아들 둘 둔 엄마는 이 집 저 집 떠밀려 다니다 노상에서 죽는다.
딸 둘 둔 엄마는 해외여행 다니다 외국에서 죽는다.
딸 하나 둔 엄마는 딸네 집 싱크대 밑에서 죽는다.
아들 하나 둔 엄마는 요양원에서 죽는다.

가장 나쁜 엄마의 멘트

영어 시험을 100점 받은 아이가 엄마한테 자랑스럽게 말했다. 그때 가장 나쁜 엄마의 멘트는……?

아이: 엄마, 나 영어 100점 받았다~!

엄마: (5위) 수학은?
　　　(4위) 너희 반에 100점 받은 아이가 몇 명이야?
　　　(3위) 기말고사가 더 중요해.
　　　(2위) 너 커닝한 것 아니지?
　　　(1위) (시험지를 말아서 애 머리를 마구 때리면서)
　　　　　　잘할 수 있는데, 그동안 왜 안 했어?

풀장 물이 남아나질 않겠네.

남편은?

집에 두면 근심덩어리.
데리고 나가면 짐덩어리.
마주 앉으면 원수덩어리.
혼자 내보내면 사고덩어리.
며느리에게 맡기면 구박덩어리.

힐러리 여사

평소에 자신을 '힐러리 여사'라고 여기던 환자가 완치되어 퇴원하게 되었다.
의사가 환자에게 말했다.
"퇴원을 축하드립니다. 앞으로는 힐러리라는 환상은 떠오르지 않을 테니 예전처럼 즐겁게 살 수 있을 거예요."
환자가 고개를 숙이며 말했다.
"선생님, 정말 감사드립니다. 말씀대로 열심히 살겠습니다. 한 가지 부탁이 있는데요, 치료비 계산은 클린턴이 할 겁니다."

앵무새

윤선이 엄마가 슈퍼마켓에 갔다.

슈퍼마켓에 앵무새 한 마리가 있었는데 윤선이 엄마를 보자 말했다.

"아줌마, 무지하게 못생겼다. 못생겼어."

윤선이 엄마가 다음 날에도 슈퍼마켓에 갔는데 앵무새가 또 말했다.

"아줌마, 되게 못생겼네."

화가 난 윤선이 엄마가 주인에게 따졌다.

다음 날 주인에게 교육받은 앵무새는 윤선이 엄마를 보자마자 한마디 했다.

"아줌마, 말 안 해도 알지?"

한눈 판 결과.

아내가 더 고수

어느 날 한적한 교외에 있는 러브호텔 엘리베이터 앞에서 부부가 제각각 애인을 동행한 채 마주쳤다.
남편: (당황하여) 어? 아니! 당신 지금 뭐 하는 거야?
아내: (침착하게 남친을 본 후, 남편 쪽을 가리키며) 김 형사님! 저 두 연놈이에요! 당장 잡으세요!

참으로 대단한 부인이다……!

노후를 편히 보내려면……

아이에게 사투리를 가르친다.
아이에게 밥을 먹일 때 씹다가 먹인다.
아이에게 화투를 가르친다.
걸레질하다가 아이가 코를 흘리면, 걸레로 얼른 입을 닦아 준다.

이렇게 하면 절대 손자를 맡기지 않는다.

선생님이 고추도 몰라

초등학생 세호가 길가에서 소변을 보고 있었다.
지나가던 선생님이 고추를 가리키며 세호에게 말했다.
"얘! 길에서 그게 뭐니?"
세호는 집에 돌아와 바지를 내리며 엄마에게 말했다.
"엄마! 선생님이 글쎄 이게 뭔지도 몰라."

베스킨라빈스

시골에서 올라온 범수가 서울에 올라와서 여친인 명선이와 처음으로 베스킨라빈스에 갔다.
명선이가 먼저 주문했다.
"베리 베리 스트로베리 주세요."
그것을 본 범수는 '아, 주문은 저렇게 하는 거구나.'라고 생각하며 따라 했다.
"닐라 닐라 바닐라 주세요."
근데 그걸 또 알바생이 장난인 줄 알고 이렇게 말했다.
"라따 라따 아라~따."

부산 할매와 외국인의 대화

부산의 한 버스 정류장에서 할머니와 외국인이 버스를 기다리고 있었다.

버스가 오는 것을 보고 할머니가 "왔데이."라고 말했다.

외국인은 'What day?(오늘이 무슨 요일이지?)'라고 묻는 줄 알고 "먼데이(Monday)."라고 대답했다.

그러자 할머니는 어떤 차가 오느냐고 묻는 줄 알고 "버스데이."라고 말했다.

외국인은 오늘이 할머니 생신인 줄 알고 웃으면서 "해피버스데이."라고 말했다.

할머니는 이 말마저도 '하필 버스데이(해피버스데이).'라고 이해했다.

사자의 생일

사자의 생일에 초대받은 날, 토끼는 늦잠을 자고 말았다.

허둥지둥 일어난 토끼는 줄 선물도 없고 해서, 참외 두 개를 가지고 생일파티에 갔다.

다른 동물들은 최신형 mp3, 컴퓨터 등을 갖고 왔는데, 뒤늦게

온 주제에 참외 두 개를 가지고 온 토끼를 보자 사자는 몹시 기분이 나빴다.

토끼한테 화가 난 사자는 토끼를 눕힌 다음 똥구멍에 참외 두 개를 끼우려고 했다. 그런데 똥구멍을 벌리고 누운 토끼가 밖을 쳐다보면서 계속 웃고 있는 것이 아닌가!

사자가 문밖을 바라보니…… 다람쥐가 수박 두 개를 가지고 오는 중이었다.

"주인님, 여기 저도 있어요……."

어느 운전자의 이야기

경규는 평소에 법을 절대 어기지 않는 정직한 친구다.

어느 날 경규와 같이 부산으로 놀러 가게 되었다. 운전은 경규가 하기로 했다.

모범운전을 하는 경규는 고속도로에서 정해진 속도를 지키며 달렸다.

'내가 차를 몰고 갈걸.' 하고 후회하고 있을 때 고급 외제차가 순식간에 옆으로 지나갔다.

그러자 경규가 그 차를 맹렬히 뒤쫓기 시작했다. 이럴 친구가 아닌데, 속도가 너무 빨랐다.

내가 참다못해 말했다.

"야! 너 도대체 왜 이래? 답답해도 좋으니 차라리 아까처럼 가자!"

그러자 경규가 하는 말.

"앞차와의 거리를 백 미터 유지해야지!"

뛰는 학생, 나는 교수

대학생 두 명이 기말시험 전날 친구 결혼식에 갔다가 술에 취해 늦잠을 자고 말았다.

뒤늦게 학교에 갔지만 이미 시험이 끝나고 강의실은 텅 비어 있었다.

할 수 없이 담당 교수를 찾아가 거짓말을 하며 사정했다.

"교수님, 저희가 친구 결혼식에 갔다 오는데, 자동차 타이어가 터지는 바람에 지각했습니다. 한 번만 기회를 주십시오."

두 학생의 간청을 못 이긴 교수는 다음 날 재시험을 볼 수 있도록 허락했다.

이튿날 교수는 이들을 각기 다른 교실에서 시험을 보도록 했다. 문제는 단답식이었는데, 그중 한 문제는 다음과 같았다.

'자동차의 네 개 타이어 중 어느 것이 터져 지각했나?' (95점)

중국의 고물 수집상.

모자란 놈과 미친놈

맹구가 정신병원 앞을 지날 때 자동차 타이어에 펑크가 났다. 그 바람에 바퀴를 지탱해 주던 볼트가 풀어져 하수도 속으로 빠지고 말았다.

정신병원 담장 너머로 이 광경을 지켜보던 한 환자가 속수무책으로 어찌할 바를 몰라 하는 맹구에게 말했다.

"여보세요! 그렇게 서 있지만 말고 남은 세 바퀴에서 볼트를 하나씩 빼내 펑크 난 바퀴에 끼우고 카센터로 가세요."

맹구는 정말 좋은 아이디어라고 생각하고 말했다.

"고맙습니다. 그런데 당신 같은 분이 왜 정신병원에 있죠?"

그러자 그 환자가 대답했다.

"나는 미쳤기 때문에 여기 온 거지, 너처럼 모자라서 온 게 아니야. 인마."

중국의 자전거 운반.

불임 이유

불임 클리닉에서 두 할머니가 얘기를 나누고 있었다.

할머니 1: 우리 며느리는 절에 백일기도를 다닌 후에 마침내 임신했어요.

할머니 2: 우리 며느리도 그랬는데, 왜 임신이 안 됐지? 정성이 부족했나?

할머니 1: 절에는 며느리 혼자 다녔나요?

할머니 2: 아니에요. 제가 항상 같이 다녔어요.

할머니 1: 그러니까 임신이 안 됐지요.

할머니 2: ……?

중국의 화물 운반 트럭.

건망증

버스 정류장에서 한 젊은 부인이 한쪽 젖가슴을 다 드러내 놓은 채 걸어가고 있었다.
이를 본 경찰관이 그녀를 부르며 쫓아가서 말했다.
"부인, 부인을 풍기문란죄로 체포할 수도 있습니다."
"어머, 왜요?"
"부인께서는 한쪽 젖가슴을 다 드러내고 있잖아요."
그러자 그녀는 자기 젖가슴을 내려다보며 깜짝 놀라 소리쳤다.
"어머, 내 정신 좀 봐! 아기를 버스에 두고 내렸어요!"

청혼 방식

가수, 탤런트, 정치인에게 각각 청혼을 어떤 방식으로 했느냐고 물었다.
먼저 가수가 대답했다.
"아내에게 달콤한 노래를 불러 주며 청혼했습니다."
"무슨 노래였나요?"
"노사연의 '만남'을 불렀습니다."
다음은 탤런트.

"아내에게 로맨틱한 대사를 읊어 주며 청혼했습니다."
"무슨 대사였나요?"
"그대는 나의 운명이라고 말했죠."
마지막으로 정치인.
"아내에게 장밋빛 공약을 하며 청혼했습니다."
"무슨 공약이었나요?"
"글쎄, 기억이 나지 않습니다."

주말 부부

브라운과 줄리는 주말 부부다.
금요일에 신랑 브라운이 줄리를 보러 집에 왔다.
얼마나 아내가 그립던지 오랜만에 한껏 밤일을 치르고 있었다.
그동안 비축해 두었던 힘을 다 쏟는 듯 줄리가 온갖 교성을 내질렀다.
한창 열이 올라 신음하고 있는데, 옆집에서 문을 두드리며 신경질적으로 소리쳤다.
"잠 좀 잡시다. 허구한 날 매일같이 그러면 어떡하냐고!!"
신랑: ······?

참새의 똥

참새가 민호의 머리 위에 똥을 쌌다.
민호가 그 참새에게 말했다.
"야, 너는 팬티도 안 입고 다니냐?"
그러자 참새가 대답했다.
"야! 너는 팬티 입고 똥 싸냐!"

선생님이 먼저 벗으세요

첩첩산중 마을에 사는 미숙이가 아무리 노력해도 임신이 되지 않자, 도시에 있는 산부인과 병원을 찾았다.
의사가 말했다.
"옷 벗고 준비하세요."
'벗고 누워? 외간 남자 앞에서? 이래서 병원에 오면 임신이 되는구나. 어떡하지······.'
당황한 미숙이가 망설이고 있자, 의사가 다시 말했다.
"빨리 벗어요!"
그러자 미숙이가 울음 섞인 목소리로 말했다.
"선생님이 먼저 벗~으~세요······."

방바닥에서 자려는 이유

신혼인 부부가 있었다.
그런데 남편은 회사 일에 지쳐 매일 파김치가 되어 퇴근했다. 침대에서도 늘 축 늘어져 하룻밤 내내 코만 골고 잤다.
그날도 저녁을 먹고 자려고 하는데 새색시가 침대에 눕지 않고 혼자 방바닥에 눕는 게 아닌가.
신랑이 물었다.
"왜 방바닥에서 자려고 해?"
"뭔가 나도 오랜만에 딱딱한 걸 느껴 보고 싶어서요."

공상과학 소설

대형서점에 한 남자가 들어왔다. 여기저기 기웃거리다가, 원하는 책을 찾지 못했는지 계산대로 가서 직원에게 물었다.
"저…… 아가씨, 남자가 여자를 지배하는 비결에 관한 책이 어디에 있지요?"
그러자 직원이 퉁명스럽게 쏘아붙였다.
"손님, 공상과학 소설 코너는 저쪽입니다!"

머리에 피도 안 마른 놈이!

"방가방가~."

흉내 좀 내다가…….

"우리 이대로 사랑하게 해 주세요."

잘못 배운 원숭이.

"이 정도쯤이야."

5분만……

아내는 평소에 게으름을 피우며 남편 밥을 잘 해 주지 않았다. 그날도 배가 몹시 고픈데 아내가 밥할 생각을 하지 않자, 화가 난 남편이 소리쳤다.
"당신이 밥을 해 주지 않으면 식당에 가서 밥을 사 먹겠소!"
그러자 아내가 말했다.
"5분만 기다려요."
"5분이면 밥이 다 되나?"
"아니요. 5분이면 옷을 갈아입을 수 있어요. 같이 가서 먹어요."

면도는 저녁에……

아침에 남편이 면도하면서 말했다.
"아침에 수염을 깎고 나면 십 년은 젊어지는 기분이야."
그 소리를 들은 아내가 남편의 면도기를 잽싸게 빼앗으면서 하는 말.
"여보! 그럼 면도는 아침에 하지 말고 저녁에…… 잠자리 들기 전에 해요. 알았어요?"

세계 도서전

한 도시에서 세계 도서전이 열리고 있었다.

이 세상에서 가장 두껍고 큰 책과 가장 얇고 작은 책이 전시되어 사람들의 관심을 끌었다.

모여든 관람객들에게 안내원이 이렇게 설명했다.

"여러분, 이 세상에서 가장 두꺼운 이 책은 부인이 남편에게 한 잔소리를 몽땅 써 놓은 거예요. 그리고 이 책은 남편이 아내에게 한 몇 마디 말을 적어 놓았기 때문에 가장 작고 얇은 책이 되었습니다. 혹시 궁금한 질문 사항 있으십니까?"

그러자 한 사내가 안내원에게 다가와 작은 소리로 말했다.

"저…… '몇 마디'라도 어떻게 할 수 있는지, 그게 참으로 궁금합니다."

중국의 돼지 운반.

간단한 테스트

용진이가 정신병원 원장에게 어떻게 환자를 판별하느냐고 물었다.
"먼저 욕조에 물을 채운 다음, 욕조를 비우도록 찻숟가락과 찻잔과 양동이를 줍니다."
"아하, 알겠습니다. 그러니까 환자가 아니라면 숟가락이나 찻잔보다는 큰 양동이를 택하겠군요."
그러자 원장이 미심쩍은 눈으로 용진이를 보면서 이렇게 말했다.
"아닙니다. 환자가 아니라면 욕조 배수구 마개를 제거하죠."

결혼의 힘

얼마 전에 결혼한 명수가 친구를 만났다.
"결혼 때문에 나의 인생관이 이렇게 달라질 줄 몰랐어."
"대체 뭣 때문에 그래?"
"응. 결혼 전에는 이 세상 모든 여자들이 다 좋았어. 근데 지금은……."
"지금은 뭐?"
"지금은 한 명 줄었어."

남편의 하소연

아파트에 살고 있는 부부가 휴일을 맞아 모처럼 외식을 하기로 했다.

엘리베이터를 타고 내려가는데, 중간층에서 늘씬한 아가씨가 탔다. 남편의 시선이 아가씨의 엉덩이로 힐끔 가는 것을 보고, 아내는 화가 나기 시작했다.

잠시 후 엘리베이터가 1층에 도착했는데, 아가씨가 난데없이 남편의 뺨을 후려치며 말했다.

"아까 제 히프를 만져 주신 데 대한 보답이에요!"

그리고는 총총걸음으로 가 버리는 것이 아닌가.

당황한 남편은 억울하다는 표정으로 아내의 눈치를 살피며 말했다.

"여보, 오해하지 말아. 난 맹세코 손가락 하나 대지 않았다구."

그러자 아내는 화를 내기는커녕 미소까지 지어 보이며 상냥한 목소리로 말했다.

"당신이 하지 않은 거 알아요. 그 여자 엉덩이를 만진 건 바로 나니까요."

병 원

돈을 좋아하는 어느 의사가 기발한 아이디어를 냈다.
그는 병원 입구에 이렇게 간판을 달았다.
'단돈 백만 원으로 모든 병을 고쳐 드립니다. 실패할 경우 천만 원을 드립니다!'
어떤 엉큼한 사람이 천만 원을 쉽게 벌 수 있을 거란 생각으로, 방금 문을 연 이 병원에 들어갔다.
환자: 미각을 잃었어요.
의사: 간호사! 22번 약을 가져와서 이 환자분의 혀에 세 방울 떨어뜨리세요.
간호사가 의사의 말대로 했다.
환자: 웨~엑, 휘발유잖아요!
의사: 축하드립니다! 미각이 돌아오셨네요! 백만 원 내세요.
그는 짜증을 잔뜩 내며 백만 원을 내고 갔다.
며칠 후 그는 변장하고 다시 이 병원을 찾았다.
환자: 기억력을 잃어버렸어요. 아무것도 기억나지 않아요.
의사: 간호사, 22번 약을 가져와서 혀에 세 방울 떨어뜨리세요.
환자: 22번? 그거 또 휘발유잖아욧!
의사: 축하합니다! 기억력이 되돌아왔네요! 치료비 백만 원입니다.
그는 이를 악물고 돈을 냈다.
며칠 후 그는 다시 그곳을 찾아갔다.

환자: 시력이 너무 약해져서 윤곽밖에 보이질 않아요.

의사: 안타깝게도 적합한 약이 없네요. 못 고칩니다. 천만 원을 드리겠습니다.

이 말과 함께 의사는 천 원짜리 지폐 한 장을 내밀었다.

환자: 잠시만요! 이건 천 원짜리잖아요!

의사: 축하합니다! 시력이 돌아왔네요! 치료비 백만 원 되겠습니다.

항복!

사극의 폐해

'조선 시대의 가장 낮은 신분은?'
이 문제는 듣는 순간 답이 바로 머릿속에 떠오른다.
정답은 물론 '천민'이다.
그런데 답안을 채점하던 선생님은 기상천외한 답을 발견했다.
어떤 학생의 답안지에 이렇게 적혀 있었다.
'쇤네.'

못 말리는 술고래

두 사람이 술에 취해서 철길을 엉금엉금 기어가고 있었다.
앞에서 기어가던 친구가 말했다.
"무슨 사다리가 이렇게 길지? 끝이 없네. 도로 내려갈 수도 없고 죽여 주는구먼."
그러자 뒤에 있던 친구가 말했다.
"못 올라가겠다. 좀 쉬어 가자. 어! 밑에서 엘리베이터가 올라오는데?"

어느 술집에서

　술에 인사불성으로 취한 손님 하나가 웨이터의 만류에도 불구하고 술을 더 달라고 떼를 썼다. 그러자 웨이터는 더 이상 술을 줄 수 없다며 집으로 돌아가라고 말했다.
　손님이 웨이터를 째려보며 "내가 이 집밖에 술 마실 곳이 없는 줄 아냐?" 하고는 술집에서 나갔다.
　잠시 후 그 손님이 옆문으로 다시 들어오더니 술을 달라며 고래고래 소리를 질렀다.
　웨이터는 이번에도 더는 술을 줄 수 없다며 나가라고 단호하게 말했다.
　손님은 또 "내가 이 집밖에 술 마실 곳이 없는 줄 아냐?" 하고는 술집에서 나갔다.
　얼마 후 다시 뒷문으로 들어온 그 손님은 "나는 술 안 취했으니 술을 줘!" 하고 떼를 썼다.
　웨이터가 이번에도 강경하게 술을 줄 수 없으니 나가라고 했다.
　잠시 후, 그 손님이 뭐라고 구시렁대며 나가려고 하다가 무언가 이상하다는 듯이 풀린 눈을 껌뻑이며 웨이터를 쳐다보았다. 그러더니 이렇게 말했다.
　"어떻게 내가 가는 술집마다 네가 일하고 있냐?"

여사원과의 하룻밤

김 부장은 이번에 새로 들어온 여사원이 너무 맘에 들었다. 그래서 끈질기게 어르고 설득한 끝에 천만 원을 주기로 하고 하룻밤을 보냈다.

그런데 다음 날 김 부장이 여사원에게 건넨 봉투에는 5백만 원밖에 들어 있지 않았다.

그 여사원은 김 부장에게 왜 돈이 5백만 원뿐이냐고 따지고 싶었지만, 다른 사람 이목도 있고 해서 직접적인 표현은 하지 못하고 이렇게 말했다.

"집 빌려주면 돈을 주겠다고 해서 빌려줬는데, 왜 반밖에 안 줘요?"

"첫째로 집이 새집이 아니었고, 둘째로 집이 너무 추웠고, 셋째로 집이 너무 컸어."

그 말을 들은 여사원이 이렇게 말했다.

"첫째로 집이 새집이라는 것은 계약상에 없었고, 둘째로 보일러가 있었는데 사용법을 몰랐으며, 셋째로 집이 큰 것이 아니라 가구가 너무 작았다고요!"

아내의 생일 케이크

남편이 아내의 생일 케이크를 사려고 제과점에 갔다.
제일 크고 화려한 케이크를 골라서 주인에게 부탁했다.
"케이크에 글을 좀 넣어 주세요. '당신은 늙지도 않는구려. 더 건강해지는 것 같소.'라고요."
잠시 후 남편이 다시 말했다.
"아, 잠깐만요! 한 줄로 쓰지 말고, 위에다 '당신은 늙지도 않는구려.'라고 쓰고 밑에는 '더 건강해지는 것 같소.'라고 써 주세요."
잠시 후 많은 친구들과 친지들이 함께한 파티가 시작되었고, 케이크에 불을 붙일 시간이 왔다.
상자에서 케이크를 꺼내는 순간, 파티에 참석한 사람들과 아내는 그만 기절초풍하고 말았다.
케이크에는 이런 문구가 적혀 있었다.
'당신은 늙지도 않는구려. 밑에는 더 건강해지는 것 같소.'

공포의 성냥불

단칸방에 세 들어 사는 30대 부부에게 열 살 난 아들이 있었다.
부부는 아들이 볼까 봐 두려워서 밤마다 하고 싶은 일을 하지 못했다.
하루는 밤이 되자, 참다못한 아빠가 아들이 자나 안 자나 보기 위해 성냥불을 켜서 아들 얼굴 위를 비춰 보았다.
아무런 반응이 없는 것을 확인한 후, 부부는 그날 밤일을 무사히 마쳤다.
다음 날도 마찬가지로……
이렇게 무사히 며칠을 보냈다.
그러던 어느 날도 아빠가 아들 위로 성냥불을 비춰 보는데, 이런! 그만 불똥이 아들 얼굴 위로 떨어지고 말았다.
순간, 아들이 얼굴을 털며 일어나면서 하는 말.
"아이 씨! 내 언젠가 불똥 될 줄 알았어!"

신랑의 오해

최고급 호텔 스위트룸에서 화끈하게 첫날밤을 보낸 신랑 영석이가 프런트에서 체크아웃을 하며 쑥스러운 표정으로 물었다.
"저…… 사용료가 얼마죠?"
그러자 지배인이 미소를 지으며 말했다.
"더블베드 객실 사용료는 1회 40만 원입니다."
그 말을 들은 영석이는 떡 벌어진 입을 다물지 못한 채 당황해하더니 돈을 건넸다.
그리고는 떨리는 손으로 카운터에 400만 원을 올려놓았다.

더운 밤을 슬기롭게 넘기려면

10대: 공포물이나 미스터리물을 읽다 보면 더운 줄 모른다.
20대: 여자 친구와 있으면 몸이 더 뜨거워져 더운 줄 모른다.
30대: 에어컨을 켜고 마지막 젊음을 침대에서 불사르다 보면 더운 줄 모른다.
40대: 따로 잔다!

시어머니가 며느리에게 하는 거짓말

5위: 좀 더 자거라. 아침은 내가 할 테니…….
4위: 내가 며느리 땐 그보다 더한 것도 했단다.
3위: 내가 얼른 죽어야지.
2위: 생일상은 뭘……. 그냥 대충 먹자꾸나.
1위: 아가야! 난 널 항상 딸처럼 생각한단다.

며느리가 시어머니에게 하는 거짓말

5위: 저도 어머님 같은 시어머니가 될래요.
4위: 전화를 드렸는데 안 계시더라구요.
3위: 어머니가 한 음식이 제일 맛있어요.
2위: 용돈 적게 드려 죄송해요.
1위: 어머님 벌써 가시게요? 며칠 더 있다 가세요.

뜨거운 밤의 비결

연애 5년 만에 결혼식을 올리고 신혼 생활에 들어간 부부가 있었다. 부인은 처음 6개월간…… 밤마다 남편의 뜨거운 사랑을 받으며 너무나 행복한 시간을 보냈다.

그러나 그 후 하루걸러 확인하던 사랑이 이틀에 한 번, 3일에 한 번, 1주일에 한 번으로 바뀌더니, 급기야 2년 후에는 남편과 한 달에 한 번 잠자리를 함께하기도 힘들 지경에 이르렀다.

부인은 고민하던 끝에 기도를 드리기로 작정하고, 매일 새벽 산에 올라가 기도를 드렸다.

드디어 백 일째 되던 날, 산신령이 나타나 그녀에게 한 가지 방법을 가르쳐 주었다.

"내일 이 시간에 남편을 이 장소로 올라오게 하거라. 그러면 내가 남편에게 한 가지 주문을 알려 줄 것이니라. 잠자리 들기 전에 남편이 이 주문을 외우면, 너는 밤마다 극락 생활을 즐길 수 있을 것이다."

부인은 기쁜 마음으로 산을 내려와, 남편에게 산신령님을 만나 주문을 배우게 했다. 그랬더니 그날 밤부터 남편이 180도로 바뀌었고, 부인은 다시 남편의 뜨거운 사랑을 받을 수 있게 되었다.

단, 남편은 잠자리 들기 전에 수분을 외우고, 여자는 들으면 안 된다는 조건이 붙어 있었다.

도대체 어떤 주문이길래……?

부인은 너무나 행복했지만, 날이 갈수록 남편이 잠자리 들기 전에 어떤 주문을 외우는지 몹시 궁금해졌다. 마침내 참다못한 부인이 약속을 어기고, 남편이 외우는 주문 소리를 듣고 말았다.

그런데 세상에나! 남편이 외우는 주문 소리는······.

"이 여자는 내 여자가 아니다. 이 여자는 내 여자가 아니다······."

"얘야, 그건 그넷줄이 아니란다."

유식한 어느 주부

주부인 상미는 집에서 빈둥거리는 것이 싫어서 날마다 서예 학원에 다니기 시작했다.

한두 달쯤 지나자, 상미는 '이 정도면 나도 상당한 실력을 갖추었다.'고 생각했다.

어느 날 상미의 남편이 집에 돌아왔을 때 벽에 이런 글이 한자로 멋들어지게 걸려 있었다.

'新月 現水 無人하고, 怡山月火 父母水木 大王土日이라.'

(신월 현수 무인하고, 이산월화 부모수목 대왕토일이라.)

이 글을 본 남편은 무슨 뜻인지 궁금해서 상미에게 물어보았다.

"저 글의 뜻이 도대체 뭐요?"

그랬더니 상미가 이렇게 설명했다.

"신세계 백화점은 월요일, 현대백화점은 수요일에 사람이 없고, 드라마 이산은 월·화요일, 드라마 아빠 셋 엄마 하나는 수·목요일, 드라마 대왕 세종은 토·일요일에 방송한다는 뜻이에요."

할인마트

요즘에는 대형 할인마트가 많다. 할인마트의 장점은 가격이 다른 곳에 비해 싸다는 것이다.

어떤 사람이 그런 할인마트를 하나 만들었다. 하지만 그 할인마트는 특이하게도 자신에게 꼭 필요한 물건만 구입할 수 있게 했다. 그래서 어떤 물건이 필요하면 그 물건이 필요하다는 증거를 반드시 제시해야만 했다. 대신 다른 어떤 할인마트보다도 더 싸게 팔았다.

종진이가 이 할인마트에서 강아지 사료를 사려고 했다. 그런데 점원이 단호한 목소리로 이렇게 말하는 것이었다.

"손님! 강아지가 있다는 증거를 보여 주셔야만 사료를 사실 수 있습니다."

"뭐요? 그런 게 어디 있소?"

"하지만 어쩔 수 없습니다. 대신 가격이 싸지 않습니까? 그러니 증거를 보여 주셔야 합니다."

종진이는 하는 수 없이 집으로 돌아가 강아지를 데리고 와서 보여 준 다음 사료를 살 수 있었다.

며칠 후 종진이는 고양이 사료를 사러 다시 그 마트에 들렀다.

"고양이 사료 주세요."

"죄송합니다만, 고양이가 있다는 증거를 보여 주셔야만 고양이 사료를 사실 수 있습니다."

종진이가 황당해하며 따졌지만, 종업원은 가격이 싼 만큼 증거를 보여 주어야 한다는 말을 되풀이했다. 종진이는 어쩔 수 없이 집으로 가서 고양이를 데리고 와 보여 준 다음 겨우 고양이 사료를 살 수 있었다.

그런데 며칠 후에 종진이가 가운데 구멍이 뚫린 상자를 가지고 다시 가게에 들렀다.

점원이 말했다.

"뭘 사러 오셨죠?"

"이 상자 구멍에 손을 넣어 보면 알아요."

점원이 상자에 손을 집어넣어 봤더니, 상자 안에 강아지 똥과 고양이 똥이 들어 있는 것이었다.

점원이 화가 나서 말했다.

"아니! 손님. 이게 무슨 짓입니까? 이건 똥이잖아요!"

그러자 종진이가 이렇게 말했다.

"알았으면 화장지 두 개 주세요!"

"이건 나한테 양보해."

인색한 의원

의술은 뛰어났지만 인색하기로 유명한 어느 의원이 있었다.
한 어머니가 찾아와 아이를 고쳐 준 보답의 뜻으로 선물을 내밀었다.
"의원님! 이것은 제가 손수 만든 것인데, 하찮은 것이지만 받아 주십시오."
그러자 의원이 흘낏 쳐다보며 말했다.
"저는 예쁜 비단 주머니보다 현금을 좋아합니다. 약값이나 주십시오."
무안해진 어머니가 일껏 꺼냈던 비단 주머니를 집어 들면서 다시 물었다.
"약값이 얼마나 되지요?"
"다섯 냥입니다."
그 말을 들은 어머니는 잠자코 그 비단 주머니 속에서 열 냥을 꺼낸 다음 다섯 냥을 세어 의원에게 주고는 휙 몸을 돌렸다.

미용실

옛날에 한 미국인이 한국에 왔다.
근데 머리가 너무 지저분해서 미용실에 갔다.
사투리를 쓰는 미용실 아주머니가 말했다.
"왓씨유?"
미국인은 'What see you?'라고 들었다.
거울을 보고 있던 미국인이 말했다.
"미러(mirror)."
아주머니는 머리를 아주 빡빡 밀어 주었다…….

개와 달리기를 하면 안 되는 이유

개와 달리기를 해서 이길 경우
☞ 개보다 더한 놈!
개와 달리기를 해서 질 경우
☞ 개보다도 못한 놈!
개와 달리기를 해서 비길 경우
☞ 개 같은 놈!

사장이 인정한 훌륭한 인재

한 신입사원이 얼굴에 미소를 가득 머금고 팀장에게 올릴 보고서를 작성하고 있었다. 그는 자신이 작성한 보고서를 다시 살펴보고는 만족스러워하며 팀장에게 올렸다.

그런데 그가 올린 보고서를 읽던 팀장은 믿기지 않는다는 표정으로 그 사원의 얼굴과 보고서를 몇 번이나 번갈아 쳐다보았다.

엄격한 선발 절차를 거쳐 입사한 사원이 쓴 보고서라고 할 수 없을 만큼 띄어쓰기와 철자법이 엉터리였고 격식도 갖추지 못한 것이었기 때문이었다.

'오널 나는 도니 한푼도 업슬거가튼 사람에게 물거늘 파랐습니다…….'

너무 어이가 없어 말문이 막힌 팀장은, 이런 엉터리 보고서가 어디 있느냐며 다시 써 오라고 했다.

그러나 다음 날 그가 다시 가져온 보고서도 전날과 별반 다를 것이 없었다.

'어제 나넌 물거늘 파는 방버블 발견햇습니다…….'

팀장은 한 줄을 마저 읽기도 전에 보고서를 던져 버렸다. 팀장은 그가 자신을 놀리고 있는 것인지, 아니면 자신들이 자격을 갖추지 못한 엉뚱한 사람을 뽑은 실수를 한 것은 아닌지…… 심각한 고민에 빠졌다.

팀장은 더 이상 이 상황을 두고 볼 수가 없어서 사장에게 그 보고서를 보여 주며, 그를 당장 해고해야 한다고 건의했다.

한참 만에 사장으로부터 결재서류가 내려왔다. 그런데 그 서류에는 팀장이 바라던 대답은 단 한 줄도 없었다. 대신 이런 글이 적혀 있었다.

'우리 회사에 정말 피료한 인재가 드러왔소. 자네는 그의 틀닌 철짜에만 신경스지 말고 보고서의 내용을 잘 일거보고 다른사람들 또 그를 따라서 물거늘 마니파는 방버븝 차즈시오.'

범인은 누구일까?

어느 카페에 네 사람이 앉아 있다.
그리고 테이블 앞에는 2억 원이 들어 있는 돈 가방이 있다.
잠깐 정전이 되어 캄캄해진 틈을 타서 누군가가 돈 가방을 들고 도망갔다.
범인은 누구일까?
1. 산타할아버지
2. 정직한 정치인
3. 청렴한 변호사
4. 경찰관

정답은?
☞ 경찰관. 왜? 나머지 세 사람은 현실에 존재하지 않으니까.

웃음은 행복을 부른다

어떤 상호

요즘은 자기 PR 시대다. 사업을 하면서 상호가 매우 중요하다는 것은 누구나 다 인정한다.

서울의 어느 길거리에 '이 편한 치과', '속 편한 내과'라는 이름의 간판이 걸려 있었다.

마침 한 신경정신과 개업의가 위의 이름들을 보고는 자기는 어떤 이름으로 상호를 지을까 하고 고민했다. 그러다가 결국 이렇게 지었다.

'골 편한 정신과'.

식사 습관에 따른 남편의 호칭

집에서 한 끼도 안 먹는 남편 ☞ 영식 씨
한 끼 먹는 남편 ☞ 일식 씨
두 끼 먹는 남편 ☞ 두식 씨
세 끼 먹는 남편 ☞ 삼시쉐끼
세 끼 먹고 간식 먹는 남편 ☞ 간나쉐끼
세 끼 먹고 간식 먹고 야식 먹는 남편 ☞ 종간나쉐끼

손자의 해결법

할머니가 네 살짜리 손자에게 여러 가지 색깔을 가르쳐 주고 있었다.
"아가야, 이 전화기는 무슨 색이지?"
"노란색요."
"그럼 저 화분은 무슨 색일까?"
"갈색요."
할머니는 손자의 대답에 흡족해하며 마지막으로 물었다.
"그럼 저 시계는 무슨 색깔이지?"
그러자 손자가 지겹다는 듯이 말했다.
"할머니! 저에게 계속 물어보지 말고, 할머니도 유치원에 가서 배우세요. 금방 배울 수 있어요!"

처방전

의사: 주인 양반께서는 휴식을 충분히 취하셔야겠습니다. 수면제를 처방해 드리겠습니다.
부인: 그럼 수면제를 언제 복용하게 할까요?
의사: 아닙니다. 수면제는 부인께서 복용하셔야 합니다.

우리 딸과 헤어지게!

 엄마한테 남친을 인사시키려고 집에 데리고 갔다.
 그런데 엄마가 남친을 살짝 불러내더니 "우리 딸이랑 헤어지게!"라고 말씀하시는 것이 아닌가.
 그래서 남친이 "제가 마음에 안 드세요?" 하고 물었다.
 엄마는 고개를 흔들면서 "자네가 너무 아까워서 그래." 하고 말씀하셨다.

산신령과 선녀

 어느 날 선녀가 목욕하다가 자기 옷이 없어진 것을 알았다.
 선녀가 몹시 당황하고 있는데 갑자기 산신령이 나타났다.
 "네 옷은 여기 있느니라."
 갑자기 나타난 산신령 때문에 놀란 선녀는 급히 두 손으로 아래를 가렸다.
 "위가 보이느니라……."
 선녀는 또 황급히 두 손으로 위를 가렸다.
 그러자 산신령이 말했다.
 "이미 볼 건 다~ 보았느니라."

무인도에서

　잘생긴 청년 서진이와 어떤 젊은 부부가 배를 타고 여행을 하고 있었다. 그런데 어느 날 풍랑을 만나 표류하다 무인도에 정착하게 되었다.
　그들은 구조대가 올 때까지 그곳에서 살기로 했다. 그래서 야자수를 따 먹으면서 목숨을 유지하고 있었다. 그러다가 그 무인도의 야자수도 거의 없어져 가고, 아주 높은 나무에 달린 열매만 남게 되었다.
　어느 날, 세 사람 중에서 서진이가 높은 나무에 열려 있는 열매를 따오게 되었다.
　그 나무는 올라가는 데만 한 시간이 걸렸다.
　잠시 후, 서진이가 내려와서 하는 말.
　"저 위에서 보니깐 하는 것처럼 보이던데요?"
　젊은 부부는 그 말을 이상하게 생각했지만 그냥 넘어갔다.
　다음 날은 젊은 부부 중 남편이 높은 나무에 달린 열매를 따오는 날이었다.
　남편은 나무 위로 올라가다가 문득 서진이의 말이 생각나서 아래를 내려다보았다.
　"어? 진짜로 둘이서 하는 것처럼 보이네?"

외판원과 할머니

진공청소기 외판원이 외딴 농가의 문을 두드리자 한 할머니가 문을 열어 주었다.

외판원이 단도직입적으로 말했다.

"자! 지금부터 할머니께 평생 잊지 못할 놀라운 일을 보여 드리겠습니다."

그러더니 외판원은 허겁지겁 흙을 퍼와 방바닥에 인정사정없이 좌악~ 뿌렸다.

"할머니, 저랑 내기하시죠. 제가 이 신제품 진공청소기로 이 흙들을 모두 빨아들이면 할머니가 청소기 한 대를 사시고, 못 빨아들이면 제가 이 흙들을 모두 먹어 버리겠습니다. 어때요?"

그러자 할머니가 안 됐다는 듯이 외판원을 멍하니 쳐다보다가 부엌으로 들어갔다. 그리고는 커다란 숟가락을 하나 들고나와 외판원에게 건네주면서 말했다.

"안 됐수, 젊은이! 여기는 전기가 들어오지 않는다네. 어서 수저로 퍼먹게나!"

사진작가의 칭찬

　사진작가 상욱이가 여행을 하는 중에 밥을 먹으러 한 식당에 들어갔다.
　그런데 식당 주인이 사진을 보여 달라고 졸라서 상욱이는 자신이 정성스럽게 작업한 사진들을 보여 줬다.
　사진을 다 본 다음 식당 주인이 말했다.
　"사진기가 좋아서 그런지 사진이 참 잘 찍혔네요."
　상욱이는 기분이 나빴지만 꾹 참았다.
　그리고는 식사가 다 끝나자 한마디 했다.
　"냄비가 좋아서 그런지 찌개가 참 맛있네요."

"일단 내 말부터 들어 봐."

골 빈 선생님

선생님이 혈액순환에 관해 설명하면서 아이들이 잘 알아듣도록 하려고 이렇게 말했다.

"자, 내가 거꾸로 서면 피가 머리로 가기 때문에 얼굴이 빨개지지요?"

학생들이 "네."라고 대답했다.

"그런데 내가 보통 자세로 서 있을 때는 피가 내 발로 몰려가지 않는데 그것은 왜죠?"

그러자 한 학생이 큰 소리로 대답했다.

"선생님 발은 텅 비어 있지 않기 때문이죠."

엄마의 답변!

엄마를 따라 병원에 온, 호기심 많은 세호가 갑자기 엄마에게 물었다.

"엄마, 의사들은 수술할 때 왜 마스크를 쓰는 거야?"

그러자 엄마는 한참을 생각하더니 대답했다.

"그야 수술이 실패하더라도 환자가 자기 얼굴을 기억하지 못하게 하려고 그러겠지."

한 여인의 치성

어느 선비가 마을을 지나가다가, 한 여인이 정화수를 떠 놓고 치성드리는 걸 보고 말했다.

"여보시오. 목이 말라 그러니 그 물 좀 마시게 해 주시면 안 되겠소?"

"이것은 물이 아니옵니다."

"물이 아니면 뭐요?"

"죽이옵니다."

"아니, 죽을 떠 놓고 뭐 하는 거요?"

그러자 여인이 다소곳하게 대답했다.

"옛말에 죽은 사람 소원도 들어준다고 해서요……."

재치 있는 여자

혜미가 직장에서 근무 중인 남편에게 전화했다.
남편: (전화를 받자마자) 여보, 미안해. 지금 너무 바빠서 통화가 어려워.
혜미: (다급한 목소리로) 당신한테 좋은 소식과 나쁜 소식이 있는데…….
남편: (재빨리) 시간이 없으니, 그럼 좋은 소식만 얘기해 봐.
혜미: 자동차 에어백이 제대로 작동했어.

양복 매장에서

어떤 신사가 백화점의 양복 매장에서 재킷을 입어 봤다.
그런데 점원이 심하게 매달리자 그만 사고 싶은 생각이 없어지고 말았다.
그런데도 눈치 없는 점원이 끈질기게 매달렸다.
"손님, 그걸 입으시니 5년은 젊어 보이네요."
그러자 신사는 재킷을 벗으며 이렇게 대꾸했다.
"그럼 이 옷을 벗을 때마다 다섯 살은 늙어 보이겠군. 그럼 곤란하지."

하느님 부인이세요?

열 살 된 소년이 어느 거리의 신발 가게 앞에서 맨발로 서 있었다. 멋진 차를 타고 가던 부인이 그 소년을 보고 멈춰 섰다. 아름답게 옷을 차려입은 그녀는 차에서 내려 소년에게 다가갔다.
"애야, 왜 그렇게 신발 가게 유리창을 쳐다보고 있니?"
"저는 하느님께 신발 한 켤레를 달라고 기도하고 있었어요!"
소년은 꽁꽁 얼어붙은 발을 동동 구르며 대답했다.
그녀는 소년을 데리고 가게로 들어갔다. 종업원에게 양말 열두 켤레를 주문하고, 대야와 수건을 부탁했다. 이윽고 종업원이 그녀가 부탁한 것들을 가져왔다.
그녀는 소년을 데리고 가게 뒤쪽으로 갔다. 그리고 장갑을 벗고 무릎을 꿇고 앉아 소년의 얼굴과 발을 따뜻한 물로 씻겨 주고 수건으로 닦아 주었다. 그녀는 아이에게 양말을 신긴 다음 가게 안으로 돌아와 신발 한 켤레를 샀다.
이윽고 그녀는 소년과 헤어지면서 말했다.
"네가 좀 더 행복해지기를 바란다."
소년은 그녀의 손을 잡고 눈물을 흘리며 말했다.
"아줌마는 하느님 부인이세요?"

내가 슬픈 이유

어떤 사람이 신문을 손에 쥔 채 통곡하고 있었다.
그 신문에는 백만장자가 죽었다는 기사가 적혀 있었다.
'세계 최고의 부호, 영원히 잠들다.'
이것을 옆에서 보고 있던 사람이 위로하며 말했다.
"그가 죽은 건 안타깝지만 당신은 그의 친척도 아니고 아무것도 아니지 않소?"
그러자 울고 있던 사람이 대답했다.
"그것이 슬프단 말입니다."

사장의 유머

사장이 직원들과 같이 식사하는 자리에서 자기가 들은 유머를 얘기했다.
그러자 한 여직원만 빼고 모두가 재미있다며 크게 웃었다.
웃지 않은 여직원에게 기분이 상한 사장이 물었다.
"자넨 유머 감각도 없나?"
그러자 여직원이 하는 말.
"전 안 웃어도 돼요. 이번 금요일에 회사 그만두거든요."

아버지와 아들

아버지와 아들이 드라마를 보고 있었다.
드라마 주제는 부자간의 사랑이었다.
무뚝뚝한 아버지가 아들에게 손을 내밀었다.
아들도 감격스럽게 손을 잡았다.
그러자 아버지가 말했다.
"그거 말고, 리모컨!"

비싼 아파트

남편은 좀 더 비싼 아파트로 이사 가자는 아내의 보챔이 늘 짜증 나고 지겨웠다.
그러던 어느 날 남편이 말했다.
"여보, 좋은 소식이 있어."
"뭔데 그래요?"
"더 비싼 아파트로 이사 가지 않아도 되겠어. 이 아파트의 선세금이 엄청 올라서, 당신 소원대로 비싼 아파트에 살게 됐지 뭐야."

공주병 엄마

공주병이 심한 엄마가 음식을 준비해 놓고 아들에게 다정스레 말을 걸었다.
"아들, 엄마가 얼굴도 예쁜데 요리도 잘하잖니? 이걸 사자성어로 하면 뭐라고 하지?"
'금상첨화'란 대답을 잔뜩 기대하는 엄마에게 아들이 시원하게 말했다
"자화자찬."
"아들, 그거 말고 'ㄱ'으로 시작하는 거……."
아들이 잠시 망설이다 말했다.
"과대망상?"
화를 가까스로 참으며 엄마가 말했다.
"아니, '금'자로 시작하는 거 있잖아!"
아들은 그제야 알겠다는 듯이 큰 소리로 말했다.
"아~, 금시초문!"

호기심 때문에

로버트가 미국 텍사스에 있는 친척 집에 놀러 갔는데, 가족들이 모두 결혼식에 참석하러 가서 아무도 집에 없었다.

로버트는 차를 몰고 농장을 돌아보다가 사설 비행장에 세워져 있는 비행기에 올라갔다. 비행기 안을 둘러보다가 호기심이 생긴 그는 비치된 비행기 운전 교본을 보면서 항공기 계기판 앞에 앉아 하나씩 만지기 시작했다.

먼저 엔진에 시동을 걸고, 기어를 넣고, 조종간을 앞으로 당기고…….

책에 쓰여 있는 대로 하나하나 따라서 하다 보니 드디어 움직이기 시작했다.

"앗싸! 이렇게 하면 되겠구나."

로버트는 환호했고, 이륙에 성공했다.

농장을 빙글빙글 돌며 비행의 즐거움을 맛보다가 착륙해야 할 순간이 다가왔다.

그런데 책에 씌어 있는 글을 보고 로버트는 사색이 되고 말았다.

『≪월간 비행≫ 특별 부록 '착륙' 편은 다음 호에 계속.』

메리야스와 전설의 고향

한 할아버지가 메리어트호텔에 갈 일이 생겼다.

호텔 이름이 어려워 기억나지 않을 것 같아, 비슷한 '메리야스'라고 외우기로 했다.

택시를 탄 할아버지, 우려했던 일이 현실로 나타났다.

'그 뭐더라? 호텔 이름이? 속에 입는 것이랑 비슷했는데?'

결국 기억이 안 난 할아버지는 택시 기사에게 이렇게 말했다.

"호텔 이름이 난닝구 같은 건데……. 하여간 그리로 갑시다!"

택시 기사는 다행히 메리어트호텔로 갔다.

"거, 기사 양반! 참 용하우. 난닝구라고 했는데, 어떻게 여기인 줄 알고 제대로 찾아온 거요?"

그러자 기사 아저씨가 말했다.

"난닝구는 아무것도 아닙니다. 어제는 '전설의 고향'에도 다녀온 걸요."

"전설의 고향? 거긴 어디우?"

기사 아저씨의 대답.

"도착하고 보니 '예술의 전당'이더군요."

황당한 점쟁이

얼마 전 여자 친구랑 점집에 갔다.
그런데 점집에 들어서는 순간, 점쟁이가 호통을 치는 것이었다.
"너희 집 앞에 감나무 있지?"
'이 점집이 너무 잘 맞춘다고 해서 왔는데, 왜 이러지…….' 하고 생각하며 나지막하게 대답했다.
"아니요."
그랬더니 점쟁이가 하는 말.
"있었으면 큰일 날 뻔했어."

엄니, 미워요!

명선이가 엄마와 함께 텔레비전을 보다가 성형 수술에 관한 얘기를 했다.
명선이가 갑자기 진지한 표정으로 엄마에게 말했다.
"엄마, 10개월 동안 뭐 빠지게 고생해서 낳은 자식이 저렇게 못생기면 얼마나 속상할까?"
그러자 엄마가 명선이를 한참 쳐다보더니 말했다.
"이제 내 맘 알겠니?"

택 배

◐ 택배가 하도 안 와서 '몇 시쯤 물건 받을 수 있을까요?'라고 문자를 보냈다.
잠시 후, 답장이 왔다.
'현관문 앞에 숨겨 놨으니까 찾아보세요. ㅋㅋㅋ.'

◐ 지난번 옷 주문할 때, 배송시 요청 사항란에 이렇게 적었다.
'배달 올 때 벨 누르고 '공주님, 나와 주세요!'라고 안 하면 안 열어 주겠음. 뿅~.'
그런데 진짜로 배달 온 택배 직원이 '공주님, 나와 주세요!' 하는 것이었다.
문을 연 다음 민망해서 미치는 줄……

◐ 택배 직원에게서 전화가 왔다.
"집에 계세요? 그럼 엘리베이터 앞까지 나와 주시면 안 될까요?"
이러길래 '무척 바쁜가 보다.' 하고 엘리베이터 앞까지 나갔다.
택배 직원이 엘리베이터에서 내려 전해줄 줄 알았는데, 택배물 혼자 엘리베이터를 타고 올라왔다.
'너네 신고할 거야!'

뭘 보고 있는 거죠?

종민이가 하늘을 보고 있었다.
지나가던 청년도 '저 사람, 뭘 보고 있지?' 하며 하늘을 보았다. 그러자 그곳에 있는 모든 사람이 하늘을 보기 시작했다.
하지만 아무것도 없었다.
한 중년 신사가 종민이에게 물었다.
"뭘 보고 있는 거죠?"
"코피가 났어요!"

공처가

어느 날 공처가인 석민이네 집에 도훈이가 놀러 갔다.
석민이는 마침 앞치마를 빨고 있었다.
이를 본 도훈이가 약을 올리며 말했다.
"한심하군. 마누라 앞치마나 빨고 있으니, 쯧쯧쯧!"
그 말을 들은 석민이가 버럭 화를 내며 말했다.
"말조심하라구. 내가 어디 마누라 앞치마나 빨 사람으로 보여? 이건 내 앞치마야! 내 꺼!"

시골 아줌마의 특급 호텔

시골 아줌마가 난생처음 특급 호텔에서 하룻밤을 묵게 되었다. 그 아줌마, 벨보이에게 안내를 받는데 뭔가 이상하다고 느껴졌다.

"이봐요! 날 뭘로 보는 거예요? 촌에서 왔다고 무시하는 거예요? 난 분명히 돈을 냈다구요. 그런데 이렇게 비좁고 지저분한 방을 줘도 되는 거예요?"

잠자코 있던 벨보이가 공손히 말했다.

"손님, 여긴 엘리베이터 안입니다."

엄마와 아들

네 살 먹은 아들 철우를 시어머니에게 맡기고 직장생활을 하는 지영이가 점심을 먹고 나서 집에 전화를 걸었다.

지영: 아들! 맘마 묵은나? 할머니는 머하노?

철우: 디비 잔다.

지영: (황당해하며, 할머니가 손자 듣는데 말을 함부로 한 탓인가 싶어 말씀드리려고…….) 할머니 좀 바꿔 줘!

철우: 깨우면 지랄할 낀데…….

잔돈 준비

북적거리는 백화점에서 한 여성이 핸드백을 잃어버렸다.
핸드백을 주운 정직한 소년이 그 여성에게 가방을 돌려줬다.
핸드백 안을 살펴본 여자가 말했다.
"음…… 이상하네. 지갑 안에 5만 원짜리 지폐 한 장이 들어 있었는데, 지금은 만 원짜리 5장이 들어 있으니 말이야."
그러자 소년이 재빨리 대답했다.
"저번에 제가 어떤 여자분 지갑을 찾아줬는데, 그분이 잔돈이 없다고 사례금을 안 주셨거든요."

캥거루 커플 댄스.

예쁜 아가씨와 사과

예쁜 아가씨가 할머니와 함께 과일 가게에 들렀다. 아가씨가 생글생글 웃으면서 주인에게 물었다.
"아저씨, 이 사과 한 개에 얼마예요?"
"한 개 정도는 뽀뽀 한 번만 해 주면 그냥 줄 수도 있어요!"
"좋아요. 그럼 다섯 개 주세요."
가게 주인은 얼른 사과 다섯 개를 주면서 아가씨에게 입술을 쑥 내밀며 말했다.
"자, 이제 뽀뽀 다섯 번 해 줘요!"
그러자 아가씨가 생글생글 웃으며 대답했다.
"계산은 저희 할머니가 하실 거예요~."

전 화

오랜만에 친구 집에 전화를 걸었더니 친구 어머니가 받았다.
"여보세요?"
그런데 이게 웬일! 갑자기 친구 이름이 생각나지 않는 것이었다.
그래서 친구 어머니께 이렇게 말했다.
"저… 저기……. 아들 집에 있어요?"

가 보

어떤 남자가 텔레비전의 '진품 명품' 프로그램에 출연했다.
그는 자기 집안에서 대대로 내려오는 문서를 들고나와, 으쓱거리면서 '가보'라고 자랑했다.
당당한 모습으로 심사위원들의 감정 결과를 기다리던 남자는, 결과가 나오자 그만 기절하고 말았다.
감정 결과는…… 노비 문서였다.

아내의 본심

아내가 의사에게 물었다.
"의사 선생님, 저의 남편이 살 수 있을까요?"
"살 수 있는 방법이 있지만, 좀 어렵습니다. 매일 아침 따뜻한 국에 밥을 말아 드려야 하구요, 날마다 먼지 하나 없이 깨끗하게 청소해야 합니다. 그리고 입은 옷은 티끌 하나 묻지 않도록 청결해야 하고, 침대도 더러움이 묻시 않도록 관리해야 힙니다."
아내가 병실로 왔다.
남편: 여보! 어때, 내가 어떻게 된대?
아내: 여보, 곧 죽는대요.

여성의 심리 변천사

▶ 처음 이성에게 눈뜰 때: 첫사랑에 버림받은 여자가 하는 말은?
☞ 못 잊어…….
▶ 한창 사랑이 싹틀 때: 애인의 심각한 이야기에 여자가 하는 말은?
☞ 못 믿어.
▶ 아이 한둘쯤 키울 때: 남편이 월급봉투째 술 마시고 들어오면 하는 말은?
☞ 못 살아!

애처가 분류법

햄릿형: 아내 외에 다른 여자를 사랑하느냐 마느냐, 그것이 문제로다.
칸트형: 순수 바람둥이 비판.
링컨형: 아내의, 아내에 의한, 아내를 위한 나.
케네디형: 아내가 나에게 무엇을 해 줄 것인가를 바라지 말고, 내가 아내에게 무엇을 해 줄 수 있을까를 생각해라.
데카르트형: 나는 아내만 생각한다. 고로 나는 존재한다.

사자가 무서워하는 것

어느 학교에서 동물원으로 소풍을 갔다.
사자 우리 앞에서 선생님이 아이들을 세워 놓고 물었다.
"자, 여러분! 세상에서 가장 무서운 동물은 뭐죠?"
그러자 아이들이 일제히 소리쳤다.
"사자요!"
선생님이 박수를 치면서 다시 물었다.
"맞아요! 잘 대답했어요. 그렇다면 사자가 가장 무서워하는 동물은 무엇일까요?"
선생님의 질문에 아이들이 모두 주춤하고 있는데, 갑자기 맨 뒤에서 구경하고 있던 한 아저씨가 소리쳤다.
"암사자!"

본업보다는 사랑이 중요한 CCTV.

남편의 화난 얼굴

현진이가 성생활 문제로 정신과 의사를 찾았다.

의사는 여러 가지 질문을 했지만, 도대체 무엇이 문제인지 알 수가 없었다.

마지막으로 의사가 물었다.

"섹스할 때 남편 얼굴을 본 적이 있나요?"

"네, 딱 한 번."

"어땠나요?"

"화가 나 있었어요."

의사는 문제 해결의 실마리를 찾은 듯해 계속 물었다.

"성생활 중에 남편의 얼굴을 딱 한 번 봤다고 하셨는데, 화가 나 있었다고요? 좋습니다. 그러면 그때의 상황을 자세하게 말씀해 주세요."

그러자 현진이가 말했다.

"남편이 창문 밖에서 날 쳐다보고 있었어요."

일등석은 안 가요

아주 예쁜 금발 여자가 공항에 들어섰다.

그녀는 파리로 가는 일반석 티켓을 가지고 비행기에 탑승했는데 일등석 자리에 앉아 버렸다.

승무원이 그녀가 가진 티켓이 일반석이니 해당 자리로 가야 한다고 말하자, 금발 여자가 말했다.

"난 금발이거든요. 파리에 갈 거고, 자리를 옮기지 않겠어요."

다른 승무원들이 여러 번 와서 말해 보았지만, 여자의 반응은 똑같았다.

"난 금발이거든요. 파리에 갈 거고, 자리를 옮기지 않겠어요."

그러자 조종사가 상황을 알아채고 일등석으로 내려왔.

금발 여자를 발견한 조종사는 여자의 귀에다 대고 속삭였다. 금발 여자는 허겁지겁 소지품을 챙기더니 일반석으로 달려갔다.

승무원이 물었다.

"뭐라고 말씀하신 거죠?"

조종사가 대답했다.

"별거 아니야……. 일등석은 파리로 가지 않는다고 했지."

할머니

명수가 전철에서 책을 읽고 있었는데, 전철이 덜컹! 하고 흔들리는 바람에 앞에 계신 할머니와 부딪쳤다.
졸고 계시던 할머니가 깜짝 놀라며 명수에게 말했다.
"학상, 이거 성푹캬이야?"
"네… 네? 아, 아니에요."
"뭐? 성폭캬 아녀?"
"할머니, 진짜 아니에요!"
주변에서 듣고 있던 남자가 말했다.
"할머니, 이거 성북행 맞아요."

이발소에 간 맹구

이발사가 갑자기 뜨거운 수건을 맹구의 얼굴에 올려놨다.
맹구가 깜짝 놀라 소리쳤다.
"아니, 이렇게 뜨거운 수건을 얼굴에 올려놓으면 어떡해요?"
이발사가 미안해하는 표정으로 말했다.
"미안해요. 제가 들고 있기가 너무 뜨거워서 그랬어요."

약간의 힌트

산부인과에서 검진을 마친 산모가, 태아가 아들인지 딸인지를 물었다.
간호사는 태아의 성별을 알려 주는 건 불법이라며 알려 주지 않으려 했다.
산모가 말했다.
"힌트라도 좀 줄 수 없나요?"
간호사가 마지못해 대답했다.
"그럼 약간의 힌트를 줄게요. 사내아이는 아니에요."

영화 관람

유비와 관우와 장비가 영화를 보러 영화관에 갔다.
유비와 관우는 휴게실에서 기다리고 장비가 표를 사러 매표소로 향했다. 그런데 잠시 후 매표소에서 장비가 고함을 치며 다투는 소리가 들려왔다.
"왜 나는 할인 안 해 주고 조조만 할인해 주냐?"
유비와 관우가 가 보니 벽에 이런 종이가 붙어 있었다.
'조조할인.'

시 계

그날도 신혼부부는 여느 때처럼 열심히 일(?)을 하고 있었다.
남편이 위에서 새댁을 만족시키려고 갖은 용을 다 쓰고 있는데, 갑자기 도둑이 들어와 벽에 붙은 시계를 떼어 내려 하는 것이었다.
밑에서 황홀경에 빠져 있던 새댁이 남편의 어깨 너머로 그 도둑을 보고는 더듬듯이 말했다.
"여… 여…보, 시계, 시계……."
그랬더니 남편이 짜증을 내며 한마디 던졌다.
"이 이상 어떻게 씨게 하란 말이야?"

시골 노인들의 서울 구경

시골에서 서울 구경을 하러 올라온 할아버지와 할머니가 아주 짧은 미니스커트 차림의 아가씨를 보고는 그만 입이 딱 벌어졌다.
이를 보고 놀란 할머니가 한마디 했다.
"나 같으면 저런 꼴을 하고서는 밖에 나오지 않겠구먼!"
그러자 할아버지가 대답했다.
"임자가 저 정도면 나 역시 밖으로 나오지 않고 집에만 있겠구먼."

따르릉~~~

안내원: 안녕하세요, 무엇을 도와드릴까요?
손님: 저기 윈도우에서 컴퓨터를 안전하게 종료시키려면 어떻게 해야 하나요?
안내원: 아, 우선 열어 놓으신 창이 여러 개 있으면 다 닫으신 다음 컴퓨터의 시작 버튼으로 가셔서…….
손님: (갑자기 말도 다 안 듣고, 통화하다 말고는) 잠시만요~!
(30초 정도 후에)
손님: 헥헥헥! 방금 집에 열려 있던 창문을 다 닫았거든요. 이제 컴퓨터 끄면 되는 건가요?

스님들의 회의 끝에 나온 말

어느 절에서 스님들이 중요한 회의를 했다.
며칠 동안 책임자 선정 문제로 난상토론이 벌어졌다.
모두 침묵하고 있을 때, 한 스님이 고뇌에 찬 표정으로 결단의 한마디를 던졌다.
"걱정하지 마세요. 내가 십자가를 지겠소!"

"그만 좀 추근대! 스토커로 신고할 거야!"

"이제 우린 끝이야!"

"요즘 세상 돌아가는 꼴이……."

"잘 때도 우리는 친구!"

김정일이 한국 방문을 꺼렸던 이유

거리에 '총알'택시가 너무 많다.
골목마다 '대포'집이 너무 많다.
간판에 '부대'찌개가 너무 많다.
술집에 '폭탄'주가 너무 많다.
그리고 집마다 거의 '핵'가족이다.

임 종

임종을 앞둔 노인에게 목사가 기도를 해 주러 왔다.
"예수님을 영접하고, 마귀 사탄을 부정하세요. 그래야만 천국에 갈 수 있습니다."
그러나 노인은 아무 말도 하지 않았다.
"어서 마귀 사탄을 부정하세요."
목사가 강요해도 노인은 아무 말이 없었다.
"도대체 왜 마귀 사탄을 부정하지 않는 거죠?"
그러자 노인이 힘겹게 말을 꺼냈다.
"흠…… 내가 어느 쪽으로 갈는지 모르는 상황에서 누굴 화나게 하는 것이 싫소."

연인의 대화

만난 지 1년쯤 되는 두 연인이 대화를 나누고 있었다.
여자가 남자에게 말했다.
"자기야, 난 자기가 없으면 단 하루도 못 살 것 같아. 자기는?"
그러자 남자가 대답했다.
"응. 나도 나 없이는 하루도 못 살아!"

건달과 외국인

어느 건달이 담배를 문 채 버스를 기다리고 있는데, 외국인이 다가와 물었다.
"Where is the post office?(우체국이 어디죠?)"
그러자 건달이 황당하다는 듯 어떤 말을 한마디 하고 가 버렸다.
그런데 한참 가다 보니 외국인이 계속 따라오는 게 아닌가.
그래서 건달은 다시 아까와 같은 말을 하고 뛰어갔다.
그런데도 외국인이 계속 따라오는 게 아닌가.
그렇다면 도대체 건달이 뭐라고 했을까?
"아이 씨팔놈이!(I see, follow me!)"

화장실에서

어느 신사가 길을 가던 중 갑자기 배가 아파, 근처 건물의 화장실에 들어가서 볼일을 봤다.

아차! 그런데 화장지가 없는 것이었다.

신사는 어쩔 줄 모르고 있었는데, 마침 옆 칸에서 인기척이 들려 말을 걸었다.

"저…… 옆에서 볼일 보시는 분, 휴지 남는 거 있으면 좀 주실래요. 화장지가 없어서……."

그러자 옆 칸의 사람이 미안하단 듯 대답했다.

"어쩌죠? 저도 휴지가 한 장밖에 없어요."

"그럼 신문지라도 없나요?"

"죄송합니다. 종이 같은 것도 없습니다."

그러자 신사는 결심한 듯 무언가를 옆 칸 칸막이 밑으로 내밀면서 말했다.

"아저씨! 만 원짜리인데 천 원짜리로 좀 바꿔 주실래요?"

가랑비와 이슬비

옛날에 한 사위가 처갓집에 한 달 넘게 머물렀다. 아무리 기다려도 갈 생각을 하지 않고 계속해서 밥만 축내자, 장모는 가라는 소리도 못 하고 끙끙 앓고만 있었다.
그런데 마침 밖에 비가 조금씩 내리자, 장모가 사위에게 말했다.
"여보게, 사위! 자네 이제 집에 가라고 가랑비가 내리네."
그러자 사위가 대답했다.
"장모님, 더 있으라고 이슬비가 내리는데요."

엄마와 아이의 대화

아이가 어느 날 엄마한테 물었다.
"엄마, 아빠는 왜 머리카락이 조금밖에 없어?"
그러자 엄마가 대답했다.
"응. 그건 아빠가 생각을 많이 해서 그런 거란다."
순간적으로 대머리 남편에 대해 센스있는 답변을 했다고 생각한 엄마는 속으로 쾌재를 불렀다.
잠시 후 아이가 다시 물었다.
"그런데 엄마는 왜 그렇게 머리숱이 많아요?"

세종대왕과 사오정

어느 날 세종대왕이 암행 사찰을 나섰다.
이때 손오공, 사오정, 저팔계가 임금을 호위했다.
길을 가다 주막에 들렀는데, 벽에 글귀 하나가 붙어 있었다.
'손님은 왕이다.'
그 글귀를 본 사오정이 세종대왕에게 이렇게 말했다.
"전하, 들켰사옵니다!"

돈가스의 비애

군대에서 저녁에 돈가스가 나왔는데, 1인당 두 개씩 나누어 주었다. 그 대신 돈가스 소스는 없다고 했다. 부식병이 보급받을 때 실수로 돈가스만 두 박스를 가져왔기 때문이다.
병사들은 소스도 없이 돈가스만 두 개씩 먹으라고 한다며 불평하기 시작했다.
그때 고참병 한 명이 이렇게 말했다.
"얘들아, 우리는 불평할 이유가 없다. 분명히 지금 어느 부대에서는 소스만 두 개 먹는 애들이 있을 거다."

외계인의 성생활

머나먼 우주에 지구인과 똑같은 외계인이 살고 있었다. 그들은 문명이 발달하자 지구를 침략하기로 했다. 그리고 침공하기 전에 우선 지구인의 생활에 대한 정보를 얻고자 스파이를 보내기로 했다.

지구로 침투한 스파이는 처음 접한 지구인의 성생활이 너무나 궁금했다. 그래서 한 과붓집에 침투하여 과부에게 지구인의 성생활에 관해 물어봤다.

과부는 그 일을 치른 지가 너무나 오래되었기 때문에 이게 웬 떡이냐 싶어 가르쳐 주기로 했다. 옷을 벗고 외계인을 리드하며 그 일을 마친 과부는 흥분과 땀에 젖어 헐떡거렸다.

그리고 잠시 후에는 외계인의 성생활에 관해 물어보았다.

외계인은 고민 끝에 보여 주기로 했다. 그리고 천천히 손가락 하나를 과부의 이마로 가져가더니 손가락으로 툭 건드렸다. 과부는 순간적이었지만 이제껏 경험해 보지 못한 야릇한 감정을 느끼고는 한 번만 더 해달라고 부탁했다.

그러자 구부러진 손가락을 보여 주면서 외계인이 하는 말.

"5분만 기다려."

라면과 여자의 공통점 7가지

1. 빨리 먹지 않으면 엉뚱한 놈이 빼앗아 먹는다.
2. 하나 먹기에는 좀 모자라고, 두 개 먹기에는 좀 벅차다.
3. 아무리 좋아해도 계속 먹으면 질린다.
4. 가끔은 색다른 방법으로 먹으면 더욱 맛있다.
5. 유난히 밤에 더 생각난다.
6. 정말 여러 종류가 있지만, 인기 있는 것은 언제나 정해져 있다.
7. 때론 이런 게 왜 존재하는지 이해할 수 없는 것들도 있다.

소방수의 고충

한밤중에 고층 건물이 불길에 휩싸였다.
 그런데 10층 창문 앞에서 미모의 아가씨가 속이 훤히 비치는 잠옷만 걸친 채 살려 달라고 외치고 있었다. 용감한 소방수가 사다리를 타고 올라가 위험 속에서 무사히 그 아가씨를 구출해 냈다.
 "고맙습니다. 저를 안고 내려오시느라 무척 힘드셨죠?"
 그러자 소방수는 고개를 흔들었다.
 "아닙니다. 그보다 더 어려웠던 것은 아가씨를 구하러 올라가기 전에 제 동료 두 명을 쓰러뜨리는 것이었어요."

아내를 오리와 비유한다면?

돈 버는 능력은 없지만, 집에 들어앉아 살림 잘하는 전업주부 ☞ 집오리
전문직에 종사하며 안정적 수입이 있는 아내 ☞ 청둥오리
부동산, 주식투자 등으로 큰돈을 벌어오는 아내 ☞ 황금알을 낳는 오리
남편이 벌어온 돈 다 쓰고, 또 돈 벌어오라고 호통치는 아내 ☞ 탐관오리
모든 재산을 사이비 종교에 헌납한 아내 ☞ 어찌하오리
돈 많이 모아 놓고 일찍 죽는 아내 ☞ 아싸 가오리!

골프 유머

60타는 나라를 먹여 살리고,
70타는 가정을 먹여 살리고,
80타는 골프장을 먹여 살리고,
90타는 친구를 먹여 살리고,
100타는 골프공 회사를 먹여 살린다.

군인의 복수

재호가 멀리 전방에 있는 군대에 갔다.
한 달 후쯤, 여자 친구에게 다음과 같은 편지가 왔다.
'우리 이제 헤어져요. 그러니 내 사진은 돌려보내 줬으면 좋겠어요.'
재호는 화가 났지만, 외출도 할 수 없는 처지여서 어떻게 할 수가 없었다.
그래서 낸 꾀……
재호는 군대 내에 있는 여자 사진을 최대한 모아 편지와 함께 보냈다.
'어떤 것이 네 사진인지 기억이 안 난다. 네 것만 빼고, 다른 사진은 돌려보내 줘.'

할머니의 과속 이야기

어느 날 한 국도에서 경찰 한 명이 속도위반 차량을 잡고 있었다. 그런데 한 차만이 유독 느리게 달리고 있어서 그 차를 불러 세웠다. 차 안에는 할머니 네 분이 타고 있었다. 한 할머니가 운전하고, 나머지 세 할머니는 뒷자리에 앉아서 다리와 손을 부들부들 떨고 있는 것이었다.

할머니: 왜 잡는 건가?

경찰: 여기서는 이렇게 느리게 달리면 안 돼요.

할머니: 이상하다. 분명 이 길 처음 부분에 20이라고 쓰여 있던데? 그래서 20km 속력으로 왔는데 뭐가 잘못됐어?

경찰: 아! 그건 국도 표시에요. 여기가 20번 국도이거든요.

할머니: 아~ 그래유. 거참 미안혀.

경찰: 근데 뒷자리 할머니들은 왜 손발을 부들부들 떨고 계시나요?

할머니: 좀 전에 210번 국도를 타고 왔거덩.

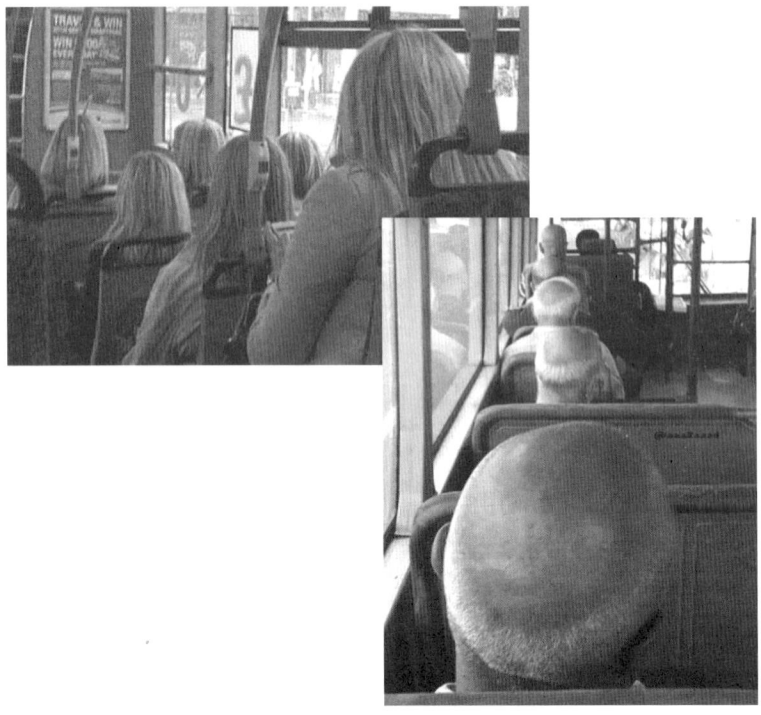

쥐 세 마리

이웃에 살고 있는 쥐 세 마리가 모여, 누가 더 터프한지 내기를 했다.

첫 번째 쥐가 잔에 담긴 스카치위스키를 단숨에 비우고 빈 잔으로 식탁을 내리치며 말했다.

"난 말이야, 쥐덫을 보면 그 위에서 댄스를 춘다구. 그런 다음 미끼로 쓰인 치즈를 물고 유유히 사라지는 게 나야."

이 말을 들은 두 번째 쥐가 럼주(Rum酒) 두 잔을 연거푸 마신 후 유리병을 머리로 깨부수면서 가소롭다는 듯이 말했다.

"난 말이야, 쥐약을 수집하는 취미가 있지. 보이는 대로 모아서 가루로 만든 다음 모닝커피에 넣어 마시면 개운하거든."

그러자 마지막 쥐가 지루하다는 듯이 하품하며 말했다.

"난 이렇게 노닥거릴 시간이 없어. 오늘 밤도 고양이와 뜨거운 밤을 보내야 혀."

건망증 가족

건망증이 심한 가족이 있었다.
어느 날 아침에 아버지가 말씀하셨다.
"아들아, 너도 이제 결혼할 나이가 되었지?"
"아버지도 참! 저는 벌써 결혼해서 아들까지 있잖아요."
"그러면 우리 집에서 왔다 갔다 하는 여자가 내 며느리냐?"
그때 며느리가 밥상을 차려오면서 말했다.
"손님들, 어서 식사하세요!"

이게 아빠다!

백수와 신선의 공통점과 차이점

1. 적게 먹는다.
다만 신선은 안 먹는 거고, 백수는 못 먹는 거다.
2. 주위 환경에 동화된다.
신선은 자연과 함께하고, 백수는 방바닥과 한 몸이 된다.
3. 시간개념이 없다.
신선은 도낏자루가 썩는지 모를 정도로 시간을 흘려보내지만, 백수는 '월화수목금토일'이란 사회적 약속으로부터 자유롭다.
4. 외부 접촉이 없다.
신선은 속세를 떠났지만, 백수는 연락할 곳도 연락 올 곳도 없다.
5. 돈과 거리가 멀다.
신선은 욕심을 버렸기에 재물에 눈을 돌리지 않지만, 백수는 욕심은 많지만 능력이 없다.

카드 결제

한 남자가 룸살롱에서 계산하려고 했다.
카드 결제를 하면 아내 휴대폰으로 문자가 가니, 룸살롱으로 나오게 하지 말고 식당으로 나오게 해 달라고 부탁했다. 마담은 아무 걱정하지 말라고 했다.
그는 안심하고 집에 갔는데, 아내에게 죽도록 얻어터졌다.
아내의 휴대폰에는 이런 문자가 찍혀 있었다.
'새벽 1시 30분. 김밥천국 1,360,000원.'

남편과 아내

부부가 외출했는데 앞서가던 남편이 무심코 무단횡단을 하고 말았다. 깜짝 놀란 트럭 운전사가 남편에게 소리를 질렀다.
"이 바보 멍청이, 얼간이, 머저리, 쪼다야! 길 좀 똑바로 건너!"
이 말을 들은 아내가 남편에게 물었다.
"당신 아는 사람이에요?"
"아니."
"그런데 당신에 대해 어쩜 그렇게 잘 알아요?"

머리가 두 개

어느 추운 겨울날, 미니스커트를 입은 정화가 발을 동동 구르며 30분 넘게 택시를 기다렸다.

그러다 빈 택시 한 대를 간신히 잡았는데, 순간 어떤 남자가 자기가 먼저 잡았다며 재빠르게 올라탔다. 화가 난 정화가 말했다.

"다리가 세 개라 빠르기도 하다."

그러자 남자가 말했다.

"그년, 입이 두 개라 말도 잘하네."

택시가 출발하는 순간 정화가 한 마디 더했다.

"그 자식, 머리가 두 개라 잘도 돌아가네."

누구이신가요?

민수가 학교에 가기 싫어서 아버지 목소리를 흉내 내며 선생님께 전화했다.

"선생님이세요? 민수가 몸이 너무 아파서 오늘 결석해야겠습니다."

"아, 그러세요? 그런데 전화하시는 분은 누구이신가요?"

그러자 민수가 회심의 미소를 지으며 대답했다.

"네, 우리 아버지입니다."

누구야?

희선이가 밤늦게 집으로 가고 있었다.
그런데 어떤 남자가 계속 뒤를 따라오는 것이었다.
두려움에 떨던 희선이가 앞에서 걸어오는 모르는 아주머니에게 후다닥 달려가서 말했다.
"엄마, 나 너무 늦었지?"
그러자 뒤에서 따라오던 남자가 다가와서 하는 말.
"엄마, 얘는 누구야?"

웃기는 놈

어느 대학 강당에서 교수가 강의하고 있었는데, 교수가 필기하려고 돌아서자 학생들이 마구 웃었다.
왜일까? 교수의 바지 뒷부분이 터졌기 때문이었다.
교수가 계속해서 조용히 하라고 주의를 주었지만, 학생들은 교수가 돌아설 때마다 웃음을 터트렸다.
머리끝까지 화가 치민 교수가 소리쳤다.
"계속 웃는 놈도 나쁘지만, 웃기는 놈이 더 나빠!"

"하이! 오랜만이야."

앗, 0.5초 후 벌어질 상황은!

젠장할……!

헤벌쭉~!

부부 생활 세대 차이

10대 부부: 뭣 모르고 산다. — 환상 속에서.

20대 부부: 신나게 뛰면서 산다. — 서로가 좋기만 해서.

30대 부부: 한눈팔며 산다. — 권태기라 고독을 씹으면서.

40대 부부: 마지못해 산다. — 헤어질 수 없어서.

50대 부부: 서로가 가여워서 산다. — 흰머리와 잔주름이 늘어나서.

60대 부부: 서로가 필요해서 산다. — 등 긁어 주면서.

70대 부부: 서로가 고마워서 산다. — 같이 살아 준 세월이 눈물 나서.

눈치 없는 할머니

어느 할머니가 아침 일찍 백화점 문을 열고 들어가는 순간 팡파르가 울리며 폭죽이 터졌다.

깜짝 놀란 할머니가 영문을 몰라 어리둥절해 하는데, 백화점 사장과 직원들이 우르르 몰려왔다.

"할머니! 축하드립니다. 우리 백화점의 백만 번째 고객이 되셨습니다. 축하금 백만 원을 드리겠습니다."

엉겁결에 봉투를 받아든 할머니에게 백화점 사장이 물었다.
"그런데 할머니는 뭘 사러 오셨나요?"
그러자 할머니가 하시는 말씀.
"응. 어제 샀던 물건 물리러 왔어……."

능 력

남편에게 맞고 사는 부인이 신문에 광고를 냈다.
'나를 절대 때리지 않으며, 밤에 나를 만족시켜 줄 수 있는 남편 구함.'
광고가 나간 다음 날 초인종이 울렸다. 부인이 문을 열고 나가니, 사지가 없는 한 남자가 휠체어에 앉아 있었다.
"광고를 보고 왔습니다. 보시다시피 저는 팔다리가 없기 때문에 당신을 때릴 수 없습니다."
그러자 부인이 물었다.
"그러면 저를 어떻게 만족시켜 주실 건가요?"
남자가 웃으면서 말했다.
"제가 초인종을 무엇으로 눌렀겠습니까?"

그거 엄마가 벗긴 거지?

한 부부가 관계를 마친 다음 속옷을 미처 걸치지 못한 채 잠이 들었다. 그런데 한밤중에 유치원에 다니는 아들 녀석이 불쑥 이불 속으로 파고들어 오는 게 아닌가.
아들은 곧 아빠의 상태를 알아채고는 아주 음흉한 목소리로 말했다.

"아빠, 팬티 안 입었지? 난 다 알아. 그거 엄마가 벗긴 거지?"

아들의 말에 아버지는 속으로 '어허~ 녀석이!' 하면서 쳐다봤다. 그러자 아들이 모든 것을 이해한다는 표정을 지으며 이렇게 말했다.

"아빠, 당황할 필요 없어. 나도 다 알고 있거든……."

더욱 난처해져 말을 잇지 못하고 있는 아빠에게 조심스레 아들이 속삭였다.

"아빠도 오줌 쌌지? 그래서 엄마가 벗긴 거지?"

"어이 집사, 밥 안 주냐?"

하느님과 예수님의 성씨

교회 주일학교에서 명석이가 손을 들고 선생님께 질문했다.
"선생님! 하느님하고 예수님은 부자지간이 맞나요?"
선생님은 "그럼, 당연하지!"라고 대답했다.
그러자 명석이는 고개를 갸웃거리면서 이렇게 또 물었다.
"선생님, 선생님! 그런데 하느님은 성이 '하'씨이고, 예수님은 '예'씨인데요? 부자지간이면 성이 같아야 하지 않나요?"
바로 그때, 옆에 있던 성진이가 말했다.
"이 바보야! 서양 사람들은 성이 뒤에 붙잖아. 하느님과 예수님, 두 분의 성씨는 '님'이야."

전문가와 문외한

스티브가 정신과 의사에게 하소연했다.
"침대에 들어가기만 하면 누군가가 침대 밑에 있다는 생각이 들고, 침대 밑으로 들어가면 누군가가 침대 위에 있다는 생각이 들어 미칠 지경입니다!"
정신과 의사가 심각한 어조로 말했다.
"2년 동안 나한테 치료받아야겠군요. 매주 세 번씩 오세요. 치료비는 한 번에 200달러입니다."

"생각해 보겠습니다."

그런데 생각해 보겠다고 대답한 스티브는 병원에 다시 가지 않았다.

6개월 후, 거리에서 우연히 스티브와 마주친 의사가 물었다.

"왜 다시 오지 않았죠?"

"한 번에 200달러의 치료비가 부담되더라고요. 다행히 바텐더가 단돈 10달러에 고쳐 주었어요."

"어떻게요?"

"침대 다리를 없애 버리라더군요."

충청도 마법의 단어

화났을 때: 뭐여!!!!
놀랐을 때: 뭐여?!
짜증 날 때: 뭐여!!
무서울 때: 뭐여……!
황당할 때: 뭐여……?
슬플 때: 뭐여……ㅜㅜ
감동일 때: 뭐여……ㅜ
기분 좋을 때: 뭐여~ㅎ

신체검사

신체검사를 받으러 간 승훈이는 신체검사 불합격 판정을 받기 위해 시력을 속여야겠다고 마음먹었다.
여자 시력 검시관이 가장 큰 글자를 가리키며 보이느냐고 물었다. 승훈이가 안 보인다고 했다.
승훈이가 계속 안 보인다며 오리발을 내밀자, 화가 난 여자 검시관이 웃옷을 벗고는 자기 가슴이 보이냐고 했다. 그러나 승훈이는 꿋꿋하게 안 보인다고 딱 잡아떼었다.
"아니요. 안 보여요……."
승훈이의 대답에, 여자 검시관이 잔뜩 성난 표정을 지으며 다가와서 소리쳤다.
"안 보여? 그런데 이게 왜 서? 이 짜샤~!"

첫 번째와 두 번째의 차이

어떤 부부가 연례 건강진단을 받기 위해 병원에 갔다.
의사가 남편을 먼저 진찰한 다음 몸 상태가 어떠냐고 묻자, 남편이 대답했다.
"한 가지 문제가 있습니다. 우리 집사람과 첫 번째 관계를 가질 때는 모든 게 괜찮은데, 두 번째로 관계를 가질 때는 땀을 많이 흘립니다."

의사는 다음에 아내를 검사했다.

"남편 말씀이 두 분이 첫 번째 관계를 가질 때는 아무 문제가 없는데, 두 번째 관계를 가질 때는 남편께서 땀을 많이 흘리신다는군요. 그 이유를 아시겠습니까?"

그러자 아내가 자신 있게 말했다.

"알고말고요! 첫 번째 관계를 가졌을 때는 12월이었고, 두 번째 관계를 가졌을 때는 8월이었거든요."

루돌프의 파업.

11번째 손가락?

유치원의 산수 시간.
선생님이 아이들에게 덧셈을 가르치고 있었다.
"여러분! 5+6은 뭘까요?"
"계산이 끝난 어린이는 손을 들어 보세요."
아이들은 손가락을 꼽으면서 열심히 계산했다.
근데 어찌 된 일인지 남자애들만 모조리 손을 번쩍 드는 것이 아닌가.
"우리 남자 어린이들은 참 똑똑해요."
선생님의 칭찬이 떨어지자마자 여자애들이 선생님께 거센 항의를 했다.
"선생님! 너무 불공평해요. 쟤들은 손가락 같은 걸 한 개 더 갖고 있잖아요!"

봉사하는 이발사

신부님이 이발소에서 머리를 깎고 얼마를 내야 할지 몰라서 물어봤다.
이발사가 대답했다.

"돈을 안 내셔도 됩니다. 주님을 위해 봉사했다고 생각하죠."

다음 날 아침, 이발소 문 앞에는 감사 쪽지와 함께 성경 한 권이 놓여 있었다.

며칠 후에는 경찰관이 머리를 깎고 비용을 물어봤다.

"돈을 안 내셔도 됩니다. 지역사회를 위해 봉사했다고 생각하죠."

다음 날 아침, 이발사는 경찰관의 감사 쪽지와 함께 많은 도넛을 받았다.

얼마 후에는 국회의원이 와서 머리를 깎고, 얼마인지 물어봤다.

"돈을 안 내셔도 됩니다. 나라를 위해 봉사했다고 생각하죠."

다음 날 아침, 이발소 앞에는 수십 명의 국회의원이 그를 기다리고 있었다.

하필이면 거길 공격해야 직성이 풀리겠냐?

살아 보니…… 이것이 진리일세

판단력이 부족하면 결혼을 하고,
이해력이 부족하면 이혼을 하며,
기억력이 부족하면 재혼을 한다.

30대 교수는 어려운 것을 가르치고,
40대 교수는 중요한 것을 가르치고,
50대 교수는 아는 것을 가르치고,
60대 교수는 기억나는 것을 가르친다.

첫사랑이 잘 산다고 하면 배가 아프고,
첫사랑이 못 산다고 하면 가슴이 아프고,
첫사랑이 살자고 하면 골치가 아프다.

남자의 일생, 일곱 단계

첫째, 한 살은 왕이다. — 모든 사람이 왕을 알현하듯이 어르거나 비위를 맞춰 준다.
둘째, 두세 살은 돼지다. — 맨땅이든 진흙탕이든 가리지 않고

뒹군다.

셋째, 열 살은 염소다. — 웃고 떠들고 장난치며 뛰어 논다.

넷째, 열여덟 살은 말이다. — 덩치는 큰데 지혜는 익지 않아 덮어놓고 힘자랑을 하려 한다.

다섯째, 결혼을 하면 당나귀가 된다. — 가정이라는 힘겨운 짐을 지고 무겁게 발걸음을 떼어야 한다.

여섯째, 중년은 개다. — 가족을 먹여 살리기 위해 상사에게 꼬리 치며 굽실거려야 한다.

일곱째, 노년은 원숭이다. — 어린아이 같아졌는데, 아무도 관심을 두지 않는다.

고인의 선행

어느 성당에서 장례식이 있었다.

그런데 그 성당에서는 고인이 행한 선행을 낭독하곤 했는데, 죽은 사람은 좋은 일이라고는 하나도 하지 않은 못된 사람이었다.

그래서 본당 신자들은 도대체 잘한 일이 무엇이라고 하는지 궁금해서 모여들었다.

한 신자가 '고인의 선행'이라는 것을 읽기 시작했다.

"죽은 고인은 항상 주위 사람을 괴롭혔지만, 아플 때는 사람들을 덜 괴롭혔습니다."

벨이 너무 많아!

버스를 타고 가던 할머니가 한참을 졸다가, 버스가 급정거하는 바람에 잠에서 깼다.
정신없이 둘러보니 버스가 내려야 할 정류장을 지나치고 있었다. 놀란 할머니가 운전기사에게 소리쳤다.
"야! 나 내려야 해. 문 열어!"
그러자 운전기사가 말했다.
"할머니, 내리시려면 벨을 눌러야죠."
그 말에 할머니가 버럭 고함을 질렀다.
"이놈아! 저 많은 벨을 내가 언제 다 눌러!"

남자와 여자의 차이

남자는 현재를 살고, 여자는 과거를 산다.
남자는 사랑이 없는 곳에서 울지만, 여자는 사랑 앞에서 운다.
남자는 자동차를 성능으로 고르지만, 여자는 스타일로 고른다.
남자는 남의 이야기를 '머리'로 듣고, 여자는 '가슴'으로 듣는다.
남자는 사랑의 감정이 없어진 여자에게 거짓말을 하고, 여자는 사랑하기 시작한 남자에게 거짓말을 한다.

FBI

어떤 남자가 FBI에 자기 이웃을 신고했다. 이웃이 대량의 마약을 겨울용 땔감 통나무 안에 숨겨 놨다는 것이다.

FBI 요원들은 다음 날 일찍 용의자의 집으로 가서 나뭇더미를 뒤졌으나 허탕을 쳤다. 통나무를 모두 쪼개서 안을 샅샅이 살펴봤지만 아무것도 나오지 않았다.

요원들은 투덜거리며 돌아갈 수밖에 없었다.

신고한 남자는 그날 저녁에 이웃에게 전화했다.

"FBI 애들이 와서 장작 다 팼지?"

"응!"

"좋아, 이번에는 자네가 신고할 차례야. 뒷마당 텃밭을 빨리 갈아엎어야 하거든…."

훌라훌라~.

임시 주차장

가족들이 모여 대화하고 있을 때 철모르는 막내가 아빠에게 물었다.
"아빠, 아빠. 그 앞에 불룩한 건 뭐야?"
아빠가 당황한 듯 헛기침을 하며 대답했다.
"흠흠…… 응, 이건 그랜저."
이번에는 엄마를 말끄러미 바라보며 막내가 다시 물었다.
"그럼 엄마 것은 뭐야?"
"그랜저 주차장."
마지막으로 누나에게…….
"그럼 누나 것은?"
"응, 임시 주차장."

돌쇠, 은행을 털다

살길이 막막해진 돌쇠는 급기야 은행을 털기로 결심했다.
금고 여는 방법을 간신히 익혀, 은행으로 향했다.
끼리릭, 끼리리-익! 덜컹!
드디어 잠금쇠가 풀리자, 돌쇠는 떨리는 손을 진정시키며 금고 문을 열었다.
 엥? 그런데 이게 뭐야……?
 돈이 아니라, 순전히 요플레들만 가득 채워져 있는 것이었다.
 "에이! 할 수 없지, 뭐. 이거라도 먹자!"
 그리하여 돌쇠는 금고 안에 있던 요플레를 모두 먹어 치웠다.
 그런데…… 다음 날 일간신문의 1면 기사!
 '정자은행, 괴한에게 털리다!'

자기, 흔들었잖아!

 새해를 맞아 두 남녀가 고스톱을 쳤다. 5점에 손목을 잡고, 10점에 키스를 하고, 20점을 나면 그걸 서비스해 주기로 했다.
 여자가 눈치껏 패를 주면서 남자에게 점수를 주려고 했지만, 남자가 워낙 고스톱을 칠 줄 몰라 좀처럼 점수가 나지 않았다.
 그러던 차에 남자가 겨우 10점을 내게 되자, 남자는 아쉽지만 키스로 만족하기로 하고 여자의 허리를 끌어안았다.
 그러자 여자가 남자의 목을 끌어당기며 못 참겠다는 듯이 말했다.
 "자기, 흔들었잖아!"

조숙한 딸

어느 날 엄마가 아홉 살 먹은 딸 지혜를 데리고 서점에 갔다.
"엄마 책 보고 있을 테니까 너도 한번 골라 보렴."
잡지를 한참 읽고 있는 엄마에게 지혜가 다가왔다.
"엄마, 나 이 책 골랐어."
지혜가 고른 책은 ≪아이 올바르게 양육하는 법≫이었다.
이상하게 생각한 엄마가 물었다.
"왜 이 책을 골랐니?"
그러자 지혜가 하는 말.
"내가 올바르게 양육되고 있는지 알아보려고."

의사와 환자

진료를 마치고 의사가 진료카드에 작은 글씨로 '소근암'이라고 적는 것을 본 환자는 자기가 암에 걸렸다는 사실에 충격을 받고는 의사에게 물었다.
"선생님 제가 어떤 병에 걸린 거죠?"
의사가 대답했다.
"걱정하실 것 없습니다. 집에서 충분히 휴식을 취하면 금방 회복

할 겁니다."

의사가 거짓말을 하고 있다고 생각한 환자는 진지한 표정으로 다시 물었다.

"선생님, 괜찮습니다. 사실대로 말해 주세요. 소근암에 걸리면 얼마나 살 수 있죠?"

잠깐의 침묵 뒤에 의사가 난감한 표정을 지으며 대답했다.

"소근암은 제 이름입니다."

그때 그분의 이름으로……

수줍음 많기로 소문난 사오정 엄마가 어느 날 구역 모임에서 시작 기도를 맡았다.

마음을 가다듬고 떨리는 가슴으로 시작한 사오정 엄마의 기도는 간절하기 그지없었다.

"사랑이신 주님, 감사드립니다……."

그런데 너무 긴장해서였을까? 기도의 마지막에 이르렀을 때 그만 예수님의 이름을 잊어버리고 만 것이다.

모두 소용히 기다리고 있는데, 얼굴이 빨개진 채 머뭇거리던 사오정 엄마가 한참 만에 입을 열었다.

"……그때 물 위를 걸으신 그분의 이름으로 기도합니다. 아멘."

첫날밤

재훈이가 막 결혼을 한 친구에게 신혼 첫날밤이 어땠냐고 물어봤다.
그런데 어찌 된 일인지 그 친구 표정이 시무룩해졌다.
재훈이가 왜 그러냐고 묻자, 친구가 말했다.
"아내랑 그 일을 치르고 나서 그만 평소 버릇대로 10만 원을 주었지 뭔가. 큰 실수를 했어."
"그러길래 조심했어야지. 아내를 잘 설득하면 이해할 거야."
재훈이의 말에 그 친구가 한숨을 쉬며 하는 말…….
"그런데 진짜 문제는 아내가 거스름돈을 거슬러 주지 않겠나?"

아이의 답변

차를 타고 가던 남자가 도랑을 만났다.
남자는 도랑의 깊이를 몰라 망설이다가, 물가에서 놀고 있는 한 아이에게 물었다.
"얘야, 저 도랑이 깊니?"
"아뇨, 아주 얕아요!"
남자는 아이의 말을 그대로 믿고 그대로 차를 몰았다.

그러나 차는 물에 들어가자마자 깊이 빠져 버리고 말았다. 겨우 물에서 나온 남자가 아이에게 화를 냈다.
"이 녀석아! 깊지 않다더니 내 차가 통째로 가라앉았잖아!"
그러자 아이가 이상하다는 듯이 고개를 갸우뚱거리며 혼잣말처럼 말했다.
"어! 이상하다. 아까 오리가 놀 때는 가슴까지밖에 안 찼는데……."

순진한 인절미

어느 날 가래떡과 계피떡이 길을 가다 곱디고운 인절미를 봤다.
가래떡: 야~ 인절미다! 정말 곱네!
계피떡: 곱긴 뭐가 고와? 넌 저게 곱게 보이니?
말을 그렇게 했지만 사실 계피떡은 속으로 질투하고 있었다.
이때 인절미가 지나가다 둘이 떠드는 소리를 언뜻 들었다. 순진한 인절미는 너무나 창피해서 급하게 뛰어갔는데, 그 바람에 몸에 묻혀 있는 노란 콩가루가 공중에 휘날렸다.
계피떡이 그길 보고는 큰 소리로 외쳤다.
"거봐! 화장발이지……!"

남편도 믿었는데……

한 신부님이 예비자 교리를 하고 있을 때였다. 교리반에 한 형제가 있었는데, 신부님은 그 형제가 항상 열심히 공부하는 모습이 마음에 들었다.

하지만 그 형제는 열심히 공부하는 만큼 의심도 많고 궁금증도 많았다. 6개월의 예비자 교리가 거의 끝나갈 즈음, 그 형제는 아무리 노력해도 해결되지 않는 의문점이 있어서 신부님에게 질문했다.

"신부님! 제가 다른 것은 다 믿겠는데, 성모 마리아가 예수님을 낳으셨다는 것은 도저히 믿기 힘듭니다……."

당황한 신부님은 그 형제에게 자신이 아는 범위 안에서 차근차근 설명했다.

하지만 그 형제는 그런 설명조차 미심쩍어하면서 신부님에게 이것저것 따져 물었다. 그러다가 신부님과 그 형제는 서로 언성까지 높이게 되었다.

결국, 인내심에 한계를 느낀 신부님이 소리를 질렀다.

"야, 이놈아! 마리아의 남편인 요셉도 믿었는데, 왜 네가 못 믿냐……!"

과장의 변명

김 과장은 '출근 즉시 면담 바람.'이라고 부장이 남긴 쪽지를 책상 위에서 발견했다.
부장 자리로 갔는데, 부장의 기분이 안 좋아 보였다.
부장이 책상 위 신문을 손가락으로 가리켰다.
스포츠면이 펼쳐진 신문에는, 전날 지역 골프대회에서 우승한 다음 웃고 있는 김 과장의 사진이 실려 있었다.
"어제 병가를 내지 않았나! 뭐라고 변명할 텐가?"
잠시 침묵이 흐른 뒤 김 과장이 입을 열었다.
"사실은 저도 대회에서 우승해 정말 놀랐어요. 아프지만 않았어도 점수가 더 좋았을 텐데 말이에요."

선생님의 꾀

마지막 수업 시간에 미선이가 잔꾀를 내어 선생님께 간청했다.
"선생님, 저희 배고파요. 피자 먹고 싶어요."
그러자 모든 학생이 호응하며 합창했다.
"선생님! 피자 사 주세요!"
선생님이 대답했다.

"알았다! 그럼 불고기피자나 콤비네이션피자 말고, 선생님이 좋아하는 피자로 해도 되겠지?"

허락에 신이 난 학생들은 더욱 큰 목소리로 "네!"라고 대답했다.

그러자 선생님이 빙긋 웃더니 말했다.

"다시 책 피자."

당신의 아이큐는?

난센스 퀴즈 아닙니다. 잘 생각해 보세요!

어두운 방 안에 초가 10자루 있고, 그 10자루 초에 모두 촛불을 켜 두었다.

그런데 난데없이 창문으로 거센 바람이 불더니 촛불 1자루의 불이 꺼지고 말았다.

그리고 조금 후 다시 바람이 세차게 불더니, 이번에는 촛불 2자루의 불이 꺼졌다.

자꾸만 촛불이 꺼지자, 철수는 화가 나서 창문을 닫아 버렸다. 그 후로는 바람이 들어오지 않아, 더 이상 촛불이 꺼지지 않았다.

그렇다면 마지막까지 남은 초는 총 몇 자루일까?

☞ 3자루. 7자루의 초는 불이 계속 붙어 있어서 모두 녹아 없어졌다.

당신은 좌석이잖소!

어느 날 밤 경찰이 유흥가를 순찰하고 있었다.

한 여자가 비틀거리며 골목길로 접어들더니 갑자기 주저앉아 일을 보기 시작했다.

경찰은 여자에게 다가가 경범죄를 적용해 4만 원의 벌금을 부과했다. 그리고 그 뒤에서 일을 보고 있던 남자에게는 2만 원의 벌금을 부과했다.

순간, 여자가 화를 벌컥 내며 말했다.

"아니, 저 남자는 2만 원이고 나는 왜 4만 원이에요?"

그러자 경찰이 웃으면서 대답했다.

"저 남자는 입석이고, 당신은 좌석이잖소!"

결정적인 이유

혜정이는 오랫동안 사귀던 세준이와 결혼하기로 했다.

그런데 결혼식을 얼마 앞둔 어느 날 세준이가 말했다.

"다른 여자가 생겼어. 우리 헤어지자."

충격을 받은 혜정이가 세준이에게 따지기 시작했다.

"그 여자가 나보다 요리를 잘해?"

"아니."
"그럼 나보다 예뻐?"
"아니."
"그럼 그 여자가 나보다 나은 게 뭐야?"
세준이는 한참 동안 뜸을 들이다가 대답했다.
"내 아이를 가지고 있대……."

내일은 '모'요일

일에 지친 신랑 서진이가 잠자리에서 오늘도 의무 방어전을 치르고 코피를 쏟았다. 안 되겠다 싶어 서진이가 신부에게 한 가지 제안을 했다.
"건강을 위해 우리 규칙적으로 하자. 그러니까 받침이 없는 요일에만 하는 거야. 괜찮지?"
그러니깐 신부가 하는 말.
"응, 자기의 건강을 위해서라면 나는 그 어떤 것도 참을 수 있어!"
그러자 마음이 놓인 서진이가 한마디 했다.
"오늘이 수요일인데, 내일은 무슨 요일이지?"
신부 왈.
"음…… 모요일!"

운전할 때 듣는 성가

본당 신부가 평소에 좋은 운전 습관을 갖는 것이 중요하다는 강의를 하면서, 운전할 때 들으면 좋은 성가를 제시했다.

▶ 시속 60km로 달릴 때
☞ 언제나 주님과 함께…… (가톨릭 성가 32번)

▶ 시속 80km로 달릴 때
☞ 주님과 나는 함께 걸어가며…… (가톨릭 성가 400번)

▶ 시속 100km로 달릴 때
☞ 주 예수 따르기로 나 약속했으니…… (가톨릭 성가 29번)
☞ 주께 나아가리다…… (가톨릭 성가 451번)

▶ 시속 120km로 달릴 때
☞ 주여, 이 몸이 당신 뜻을 따르려 대령했나이다…… (가톨릭 성가 514번)

▶ 시속 120km 이상으로 달릴 때
☞ 주여 당신 종이 여기 왔나이다…… (가톨릭 성가 218번)

▶ 시속 130km 이상으로 달릴 때
☞ 오늘 이 세상 떠난 이 영혼 보소서…… (가톨릭 성가 520번)